eビジネス新書

No.367

週刊東洋経済

おうちで稼ぐ!

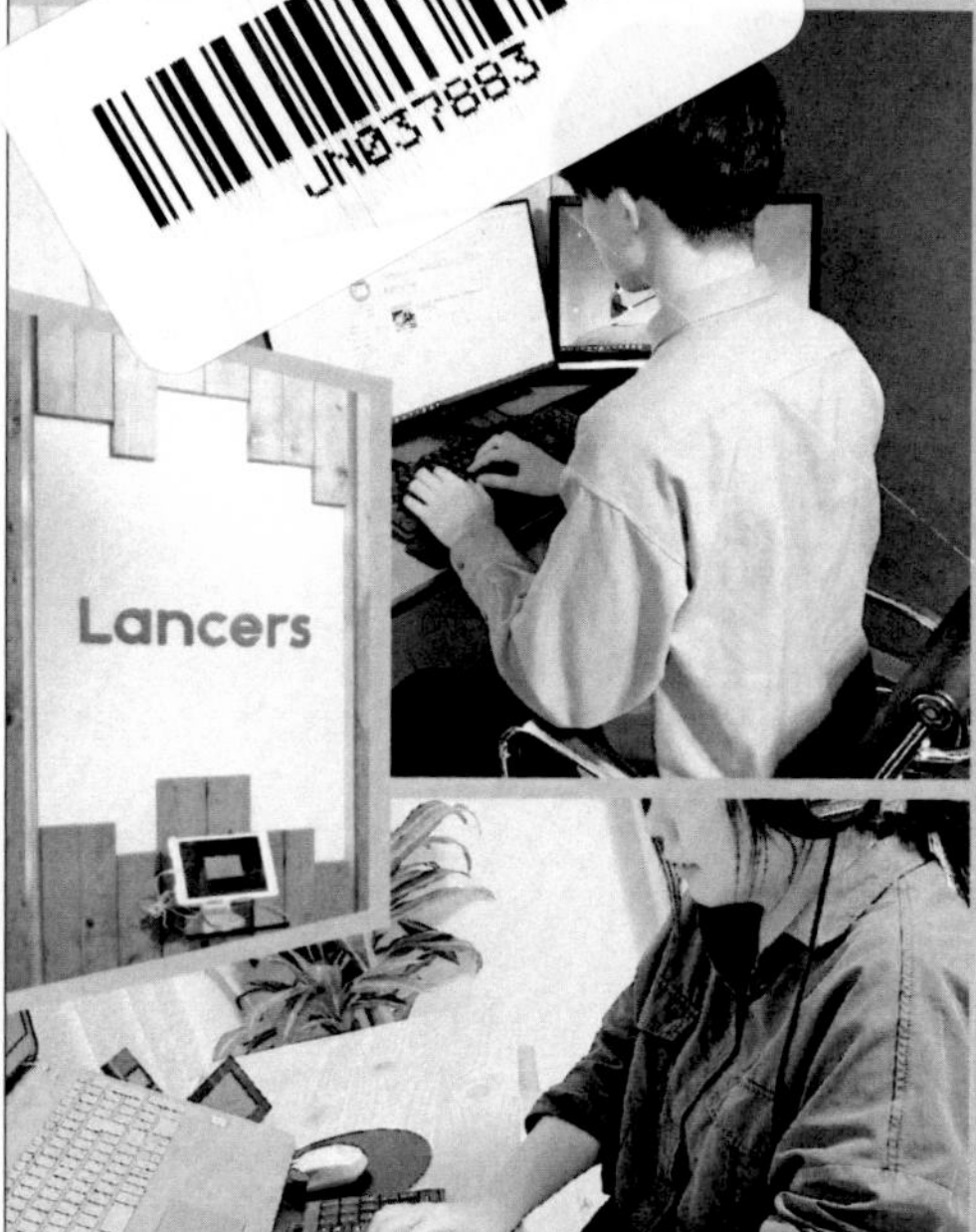

在宅副業

JN037883

週刊東洋経済 eビジネス新書 No.367

おうちで稼ぐ！

本書は、東洋経済新報社刊『週刊東洋経済』2020年12月5日号より抜粋、加筆修正のうえ制作しています。情報は底本編集当時のものです。（標準読了時間　90分）

おうちで稼ぐ！　目次

コロナ禍で増えた在宅時間で副業

長引くコロナ禍で在宅時間が増えたビジネスパーソンは多い。時間に余裕のできた人々の間で、この機会を生かして在宅で稼ごうというニーズは、世代を問わず広がっている。勤務先の業績が悪化して収入が減り、本業以外で稼ぐことを迫られている人も少なくない。

内閣府が6月に発表した調査によると、感染拡大前と比べ約3割の人が将来の仕事や収入について考えるようになり、1割の人が新たに副業をしようと検討し始めた（「新型コロナウイルス感染症の影響下における生活意識・行動の変化に関する調査」）。

稼ぐと一口にいっても、手段や額はさまざまだ。サイトで不用品を販売するといった手軽なものから、仕事仲介サイトを通じて仕事を受注する、など。自分にできることは何か、どのようなサービスやツールを使えば効率的か。これまでの経験やスキルを棚卸しして、自分に合うものを見極める必要がある。在宅仕事の実例や注意点を見ていこう。

（印南志帆）

在宅仕事の全貌を知る

コロナ時代の副業では、自宅のパソコンで仕事のほとんどが完結する、デジタル小商いの在宅仕事を希望する人が多い。どんな仕事があり、いくら稼げるのか。全貌を見ていこう。

次図は、在宅仕事の案件数と報酬の目安を示している。右へ行くほど案件数が多く、上へ行くほど報酬は高い。インターネット上で仕事を仲介している複数のスキルシェアサービスの情報を基に本誌が独自集計をした。

高需要・高単価な仕事はIT系が多い ―在宅仕事のカテゴリ別単価・　需要―

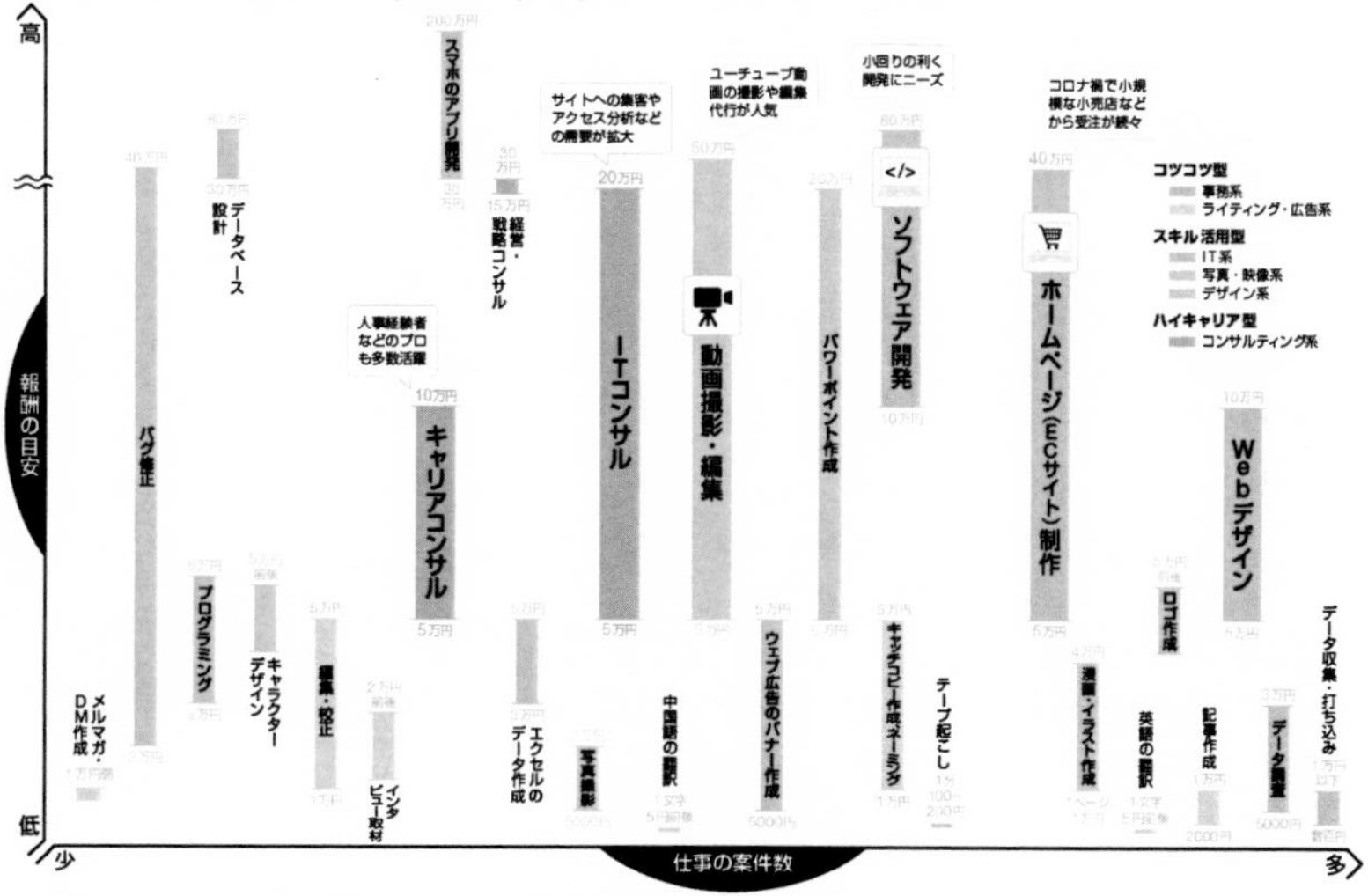

（注）とくに表記のない場合は、仕事1件当たりの報酬　（出所）複数のスキルシェアサービスが公表する情報を基に、東洋経済作成

在宅仕事の3類型

まず、単価は低いが仕事の需要が多い仕事としては、「事務系」のデータ収集・打ち込みやテープ起こし、「ライティング・広告系」の記事作成や翻訳などがある。これらは〝コツコツ型〟といえるだろう。仕事量に応じて報酬も上がる仕事が多いため、地道に仕事を重ねれば高額報酬も夢ではない。初めはスキルがなくても、独学や短期間の講習受講などで身に付けることが可能なため、「自分には特技がない」と悩む人におすすめだ。

対して、単価が高く需要も高い仕事は、「ＩＴ系」が圧倒的に多い。ホームページ（ＥＣサイト）制作、会計などのソフトウェア開発、Ｗｅｂデザインなどが該当する。大型の開発案件であれば1件で数十万円以上の高額報酬を受け取ることも可能だ。それなりに専門的なスキルが求められるため、ＩＴエンジニアが本業の人に向いている。〝スキル活用型〟の仕事といえよう。動画撮影・編集などの「写真・映像系」もここに入る。漫画・イラスト作成やロゴ作成などの「デザイン系」の仕事もスキルが必要だが、単価はＩＴ系に比べると低めだ。

仕事の案件数はそれほど多くないが、１件当たり数十万円と高額な報酬を期待できるのが「コンサルティング系」。個人や企業経営者に助言する仕事とあって、求められる専門性は高い。コンサルタント、税理士、企業の幹部など本業でも高収入な人向けの〝ハイキャリア型〟の仕事だ。独立して起業し、本業と副業の境目がはっきりしていないというケースも多い。

中でも需要が伸びているのはスキル活用型に分類したＥＣ関連の仕事だ。スキルシェアサービス大手のクラウドワークスによれば、新型コロナウイルスの感染が拡大した２０２０年１～６月、ＥＣ関連の仕事発注件数は、前年の同時期と比べて１・２倍の５６４０件に達した。その６割が法人からの発注だ。

コロナ禍でネット通販の需要が拡大する中、新たにサイトを立ち上げたり、サイトをリニューアルしたり、サイトに特定の機能を追加したりといった仕事が急増している。

中小企業庁の補助金制度「小規模事業者持続化補助金」で、ホームページの制作費用が補助の対象になったことも追い風となった。動画共有プラットフォーム「Ｙｏｕ

Ｔｕｂｅ」用動画の作成や編集、転職相談などに応じるキャリアコンサルティングも人気上昇中だ。

では、すでに副業をやっている人はどれくらい稼げているのか。スキルシェアサイト大手・ランサーズの調査によると、副業をしている人の副業での平均年収は６３万円。過半が１０万円以下だが、２００万円以上稼いでいる人も１割弱いる。

さらに興味深いデータがある。総務省の調査を基に、本業の年収別に副業をする人の割合を見ていくと、本業年収が２００万円未満の層と、１０００万円以上の層に多いことがわかる。副業をする目的はさまざまだが、本業で十分に地位と収入があっても、スキルアップや自己実現のために副業に乗り出す意欲的な人は珍しくない。

■副業をする人は低収入層、高収入層に二極化

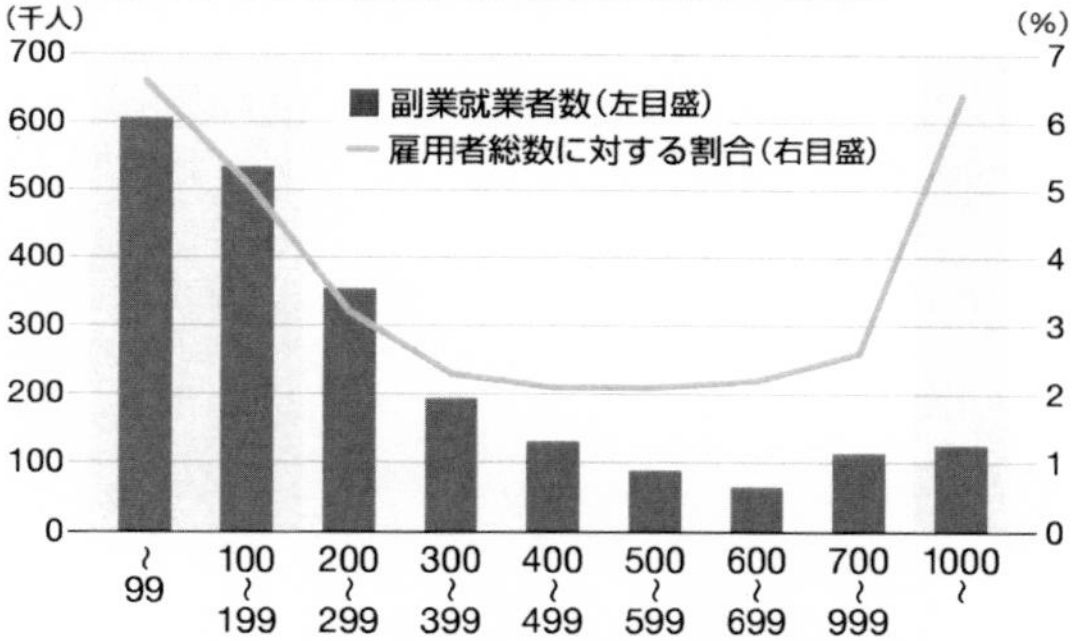

(注)横軸は本業の年収(万円)　(出所)総務省「平成29年就業構造基本調査」

■1割は副業で年に200万円以上を稼ぐ

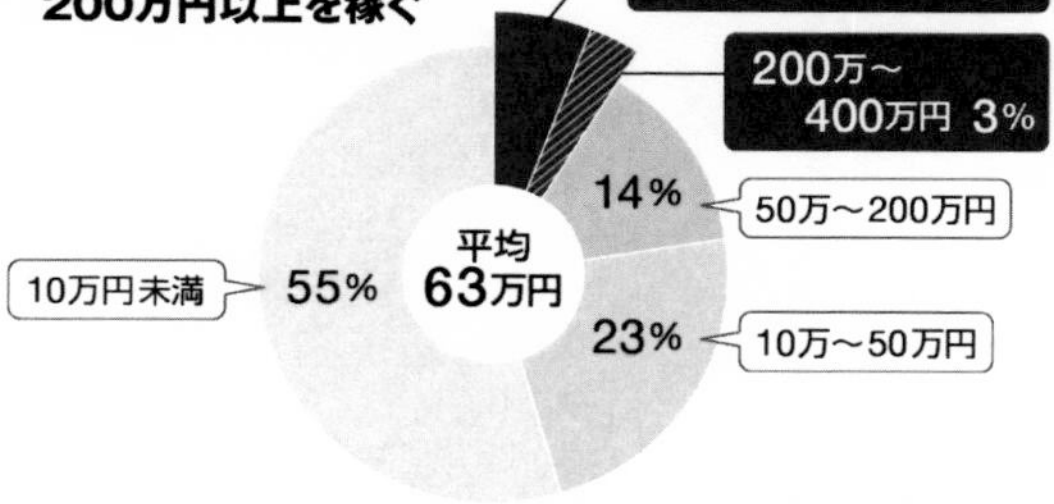

(注)調査対象は、1社に所属したうえで、雇用契約を結ばずに副業を行う人
(出所)ランサーズ「フリーランス実態調査2020年度版」

こうした意欲的な副業者を「外部人材」として活用しようと注目するのが企業だ。新規事業の立ち上げなどで社外の力を借りたい場合、正社員として採用しなくてもピンポイントで仕事を頼める副業者はありがたい。20年に入ってから、クラレ、ダイハツ工業、ヤフーなどが副業人材を募っている。

マンション管理の三菱地所コミュニティも、新規事業の立ち上げで副業者の知見を活用した。マンションの自主管理をサポートするアプリを7月から提供し始めたが、これは既存の管理ビジネスと競合するため、事業化が難航した。そこで、経営経験が豊富で、新規事業の立ち上げが得意な副業者の清水幸夫さん（仮名）を顧問に招いた。半年弱の契約で、市場調査や事業収支計画などの助言を受けて、無事アプリをローンチすることができた。

三菱地所コミュニティが顧問を依頼するうえで利用したのは、人材サービス大手・パーソルグループの子会社が運営する「ｉ‐ｃｏｍｍｏｎ（アイコモン）」だ。同サービスでは、利用企業がアイコモンに業務を委託し、それを顧問登録者へ再委託する。利用企業への営業活動やプロジェクトの進捗管理は、アイコモンのスタッフが行う。

顧問登録者にはフリーランスもいるが、「ここ2年ほどは、副業として登録する人が増えている」（アイコモン）。

花盛りのスキルシェア業

副業マーケットの拡大により、アイコモンのように仕事と人を結び付けるスキルシェアサービスは花盛りだ。またビジネスモデルは複数ある。自分のスキルを商品としてサイト上で販売する「フリマ型」、インターネット上で仕事と働き手をマッチングする「クラウドソーシング型」、アイコモンのようにスキルシェアサービス側が利用企業への営業を行う「会社仲介型」などだ。

結び付ける仕事を幅広く扱うところと、ＩＴ系など特定の業界に特化したところとがある。仕事の報酬額の数％～4割ほどを仲介手数料として取るのが一般的だ。

最大手は前出のクラウドワークス。9月末時点の登録者数は前年同月比１・７倍の４１０万人となった。副業初心者は、自分でサービスを立ち上げて集客するのは難しいため、まずはこれらに登録してニーズや相場感を知るとよい。
ほかにも「ペットのネコをネットで見せる」「勤務先の社風をＷｅｂ会議ツールで話す」といった在宅仕事もある。慣れるまで苦労することも多く、心からやりたいと思えるものにチャレンジするのが成功への第一歩だ。

（印南志帆）

会社仲介型

コンサル／ビジネス

みらいワークス
企業とフリーランスの経営コンサルタントを仲介してマッチングする。大企業向けが強い
売上高 41億円↑　営業利益 0.7億円↓

イントループ
2005年創業。フリーランスのコンサルに加え、エンジニアも仲介
売上高 71億円↑

サーキュレーション
2014年創業。外部のプロ人材を活用する「プロシェアリング」を展開
売上高 40億円↑

ワークスタイルラボ
ドリームインキュベータの子会社。フリーランスのコンサルと企業をつなぐ「コンサルサーチ」を運営

Waris
女性フリーランスと企業をマッチングする「Warisプロフェッショナル」を運営

顧問派遣

レイス
子会社で「顧問名鑑」運営

パソナ顧問ネットワーク

パーソルキャリア
パーソルホールディングスの子会社。「i-common（アイコモン）」運営

IT

ギークス
2007年創業、19年マザーズ、20年東証1部上場。フリーランスのIT人材紹介が柱
売上高 35億円↑　営業利益 6.8億円↑

Branding Engineer
2013年創業、20年マザーズ上場。エンジニア紹介、キャリア支援も
売上高 31億円↑　営業利益 1億円↓

レバテック
フリーランスのエンジニアと企業をマッチング

(注)売上高・営業利益は公表している主な企業の直近決算期の数値。▲は赤字、↑は前期比増、↓は前期比減を示す　(出所)小社刊『会社四季報 業界地図』に加筆・修正

クラウドソーシング型

CrowdWorks 首位

クラウドワークス

2011年創業。国内最大級のクラウドソーシング会社。エンジニアなどハイスキル層のマッチングを開拓中

売上高	営業利益
87億円↑	▲2.9億円↓

Lancers

売上高	営業利益
34億円↑	▲3億円↓

ランサーズ

2008年創業で19年マザーズ上場。記事作成、データ入力などに加え、IT、経営など専門分野の人材マッチングに注力

パソナJOB HUB

パソナグループの100%子会社。「JOB HUB」運営

エムフロ

「Craudia」運営

ライティング

CROCO

ライター業務特化の「Shinobiライティング」運営

事務

うるる

事務作業特化の「シュフティ」運営

フリマ型

総合

タイムチケット
グローバルウェイの子会社。個人の時間を30分単位で売買

ココナラ
2012年創業。イラスト、ロゴ作成から恋愛相談まで個人のスキルを売買

coconala

Zehitomo
カメラマンやスポーツのトレーナーなどプロに仕事を依頼

研修

リカレント
オーダーメイド研修サービスの「Oncy」運営

習い事

ストリートアカデミー
趣味やビジネススキルなどの講座を提供する「ストアカ」運営。コロナ禍で、対面に加え、オンライン講座の提供も開始

コンサル

売上高	営業利益
9.8億円↑	0.7億円↑

ビザスク

ビザスク
2012年創業、20年マザーズ上場。現役やOBの経営コンサルが企業に助言する「スポットコンサル」を展開

地域特化

エニタイムズ
ご近所助け合いアプリ「ANYTIMES」運営

副業特化型

ビジネス

リクルートホールディングス
プロ人材の副業紹介「サンカク」運営

IT

シューマツワーカー
エンジニア、デザイナーの副業人材紹介

overflow
エンジニア副業紹介の「Offers」運営

地方副業

みらいワークス
地方貢献副業「Skill Shift」運営

JOINS
都市の副業人材を地方企業に紹介

本業のスキルを活用して高単価仕事も夢じゃない

【Webマーケティング】　月収約200万円

「10月の月収は約200万円でした」

藤崎勝雄さん（32）は6年ほど前に、広告代理店に勤めながら副業を開始。20年4月にはフリーランスとして独立。コロナ下でも月収は順調に増えている。

「会社員が月3万円給料を増やすのは大変ですが、副業ならすぐできるのではと思い、始めました」

藤崎さんの副業は、本業と同じWebマーケティング。クライアント企業から依頼を受け、グーグルなどの検索結果画面向けにネット広告を出稿したり、30代女性など特定のターゲットにネット広告を出したりする仕事だ。その広告をきっかけに購入や問い合わせが増えなければ、次の仕事はないかもしれないシビアな世界だ。

大学を卒業して広告代理店に入社。最初の数年は「スキルや経験を身に付けなくてはと思い、がむしゃらに働きました」。さまざまな案件を担当してノウハウを得た段階で副業を始めた。インターネット上で仕事の仲介をしているクラウドソーシングサービスの大手、ランサーズに登録した。

ただ、「2〜3年は下積みだった」。報酬額の少ない案件を一生懸命こなした。始めて間もない頃、「実績も評価もないあなたに仕事を依頼して、当社にどんなメリットがあるのですか」といった厳しいコメントをもらった。とにかく実績や評価を積み上げなければ、と思い努力した。

報酬額の多い案件は、1人の募集に対して50人が応募するなど競争率が高い。そこで報酬額が低くてもいいので、競合の少ない案件を確実に獲得するようにした。実績の件数を増やすことが将来的にはプラスになると考え、積極的に受注した。そういう下積みができずに途中で辞めていく人が周囲には多かった。

「会社員をしながらの副業だったからできたのだと思います。フリーランスだったら難しかったでしょう」

そうして副業の実績が増えてくると、本業にも生きた。副業で得たＷｅｂマーケティングのスキルは本業でも活用でき、社内での評価が上がった。また、副業で担当しているクライアントを本業に紹介することもあった。

副業の年収は、最初の年は２０万円ぐらいだった。しかし１９年は１０００万円近くまで増え、本業の年収を上回るようになり、独立を決意した。

今では、藤崎さんを指名して仕事を依頼してくるクライアントばかりとなった。かつてのように自分から応募しなくてもよい。５０万人以上が登録するランサーズのサイトでは、直接依頼数などの多い人がランキングされている。藤崎さんはつねにその上位に名を連ねるようになった。

そうなると新規の問い合わせが大幅に増えた。ランサーズで高評価を得ていることを自分のツイッターで発信すると、ダイレクトに依頼してくるクライアントも増えた。最近はランサーズ経由以外の仕事が2割ほどある。

「月収100万円を超えるためのステップとして、情報発信はとても重要」

ツイッターで積極的につぶやくとともに、ランサーズのプロフィール欄にも、どんな仕事ができるか、どんな実績があるかの情報を細かく載せている。自分の顔写真も掲載し、クライアントが依頼したいと思える内容にしている。

今は、仕事を昼ごろから始めて19時ぐらいに終えるような日々。土曜・日曜は休むようにしている。規則正しい生活を送り、食生活にも気を配って、健康な体でいることに気をつけている。

「会社員の頃は副業で土日や夜に働き、身体的にしんどいときもありましたが、フリーランスになった今は自分の体調管理を大事にしています」

フリーランスに定年はなく、しかもパソコン1台でできる仕事なので、健康な間はずっと働いていくことができる。仕事量やクライアント数が増えてきたことから、今後は数人でチームをつくったり、法人化したりして、仕事を任せ、紹介料を得る形も考えている。

「ネット広告で集客を増やしたいクライアントは日本全国にいる」。藤崎さんの仕事はまだまだ増えそうだ。

【アプリ開発&経営コンサル】役職定年の減収をカバー

2019年から副業を始めた中井一さん（56）は富士通に勤めている。「19年4月に役職定年になり、給料が減りました。それを補填したいという思いで副業を始め、今ではそれをある程度達成できています」。

富士通に入社し、汎用計算機のOS（基本ソフト）などソフト開発を長く担当。その後、人事系の子会社への出向、業務改善コンサルティング、ソフトの商品化支援、若手システムエンジニアの育成などに従事。そうした多彩な経験が今の副業に生きている。

副業収入の柱になっているのはアプリ開発だ。対面で行っていた業務をWebでできるようにするアプリの開発などを行っている。中井さんのかつての上司の紹介で請け負うこともある。

その次の副業収入の柱が経営コンサルティング。件数的にはこちらのほうが圧倒的に多い。中小企業からの依頼で、政府や自治体の補助金などの申請書を一緒に作り上げる仕事だ。採択されるよう、中身のしっかりした事業計画書を書き上げなければならない。

中井さんは中小企業診断士の資格を持っている。神奈川県中小企業診断協会に所属し、その紹介で依頼されることが多い。ランサーズなどにも登録し、クラウドソーシング経由で受託することもある。

コロナ禍になり、政府や自治体はさまざまな補助金を出すようになっている。それを受給したい事業者は多く、申請書を作る仕事は急増。補助金申請の仕事がつねに2～3件ある状態だ。

申請の仕事は、基本的に経験者でないと難しい。中井さんも最初は下積みだった。副業として経営コンサルを始めた19年は、メインの中小企業診断士のアシスタントとしてさまざまな中小企業を一緒に回り、財務診断や経営者インタビュー、経営課題の洗い出し、それらを踏まえての今後の事業計画立案などの仕方を学んでいった。

アシスタントをしたほか、研修も自分で受けて学んだが、それらの経費は自己負担。売り上げより経費のほうがかさみ、19年は赤字だった。だが、そうした経験のおかげで20年は自分がメインで受けられる仕事が増え、月収が50万円ほどになるときもあった。

富士通の社員は副業をする際、人事部門に申請し、いくつかの誓約をして問題がなければ認められる。2018年から副業が解禁されており、中井さん以外にも副業をしている人はいる。

富士通のような大企業に勤めている人でも、在宅仕事を中心に自分の経験を生かして収入を増やす道は数多くありそうだ。

【売上管理ツール開発】　本業の知見が副業で好評

本業で身に付けたスキルを副業にも生かして着実に仕事の単価を上げてきたのが、

「はこにわガジェット」さん（ハンドルネーム・42）だ。

本業は、スマートフォンアプリ開発会社でのマーケティング。その傍ら、副業として自宅でソフトウェア「アクセス」を使った売り上げ・入金管理ツールの開発をしている。

アクセスのツール開発の販売価格は1件当たり2万円が基本だが、大規模な開発案件であれば報酬は数十万円に上る。月収に直すと10万円ほどで、年収は19年と比べて5割ほどアップする見込みだ。

本業で在宅勤務が導入されたため、平日の副業に使える時間が1日当たり2時間ほど増えたこともプラスに働いている。集中して進めたい案件は、土日を使って開発している。

はこにわさんは、20年以上も副業をしてきたベテランだ。新卒でパソコン店に勤務していたときから、オークションサイトやブログのアフィリエイト広告などで稼いできた。

その後、派遣会社の技術系エンジニア、大手ITシステムインテグレーターのエンジニアと、転職を重ねるたびに資格を取得。ＩＴのスキルを積み重ねていくうちに、「自分で価値を生み出していると実感できる仕事がしたい」と思うようになった。そこで、２０１６年１２月にスキルシェアサイトの「ココナラ」に登録した。

サイト上で最初に販売したのが、プレゼンテーションの改善をオンライン上でサポートする仕事だ。会社で自身のプレゼンを褒められることが多く、売り物になるのではと考えた。値段は、当時サイト上で販売できる商品の最低額だった５００円。だが、売れ行きは振るわなかった。

転機は、１８年からアクセスのツール開発を販売し始めたこと。開発スキルは勤務先で習得した。すると、小規模な企業や、家族経営の商店などから、少しずつ開発の依頼が来るようになった。

主な購入者は、市販のソフトでは対応できないニッチな機能を必要とする中小企業や、これまで紙とエクセルで会計管理をしてきた中小企業だ。ココナラでの販売が軌道に乗ってきたことで、今はグーグルの検索サイトに自ら広告を出し、直接仕事を受けるようにもなった。

副業に費やす時間は、1カ月で20～60時間ほど。本業と合わせると長時間働いていることになるが、「副業は自分の得意なことを仕事にしているので、どれだけやっても苦にならないんです」と話す。

20年の3月から働き始めたスマホアプリ開発会社の採用面接の際、自己紹介であえて副業での活動ぶりをアピールした。すると面接の場が盛り上がったという。

「社員には副業をしてほしくないという会社が一般的かもしれないが、クリエーティブな人材が必要な会社にとっては、副業で実績があるような人をむしろ積極的に採りたいのでは」

目下の目標は、現在の勤務先への転職に当たって取得した、中小企業診断士の資格を生かしつつ、ITコンサルティングの副業を軌道に乗せることだ。診断士資格は、1年の独学の末に取得した。ステップアップへの意欲は尽きない。

【翻訳】 副業で本業の苦手克服

本業における自分の苦手分野を、副業によって得意分野に変えたのが、「_Apple_」のハンドルネームで活動する宮下りかさん（30代）だ。

宮下さんの本業は、海外のアーティストが日本でコンサートや撮影などを行う際のエージェント業。小学校から大学まで米国で過ごしたバイリンガルで、大学では舞台芸術を学んだ宮下さん。今の本業は、得意分野である英語と大好きなエンターテインメントのどちらの知見も生かせる仕事だ。

ただ、1つ悩みがあった。仕事で求められる通訳や翻訳に苦手意識を抱いていたのだ。幼少期に英語を身に付けたからか、日本語に置き換えて考えるのが難しい。かといって、翻訳学校に行くのもお金がかかる。

習うより慣れろで始めたのが、ココナラでの翻訳の仕事だ。依頼される文書は多種多様。外国人の恋人へのラブレターや、日本人ミュージシャンの歌詞の英訳など、本格的な翻訳業者には発注しにくいが、エンタメの仕事をしていて英語も得意な宮下さんであればやりがいを感じられるような仕事もある。「機械的にただ翻訳して納品するのではなく、お礼をもらって心からうれしいと感じる仕事が多いですね」。

スキルシェアサイト上で日英翻訳を出品する競合は多いが、宮下さんの売りは、「依頼後24時間以内」の迅速納品。納期を守るコツは、移動中や家でのちょっとした空き時間でもスマホを使って作業を進めること。「どんなに忙しい日でも、30分の時間がつくれないことはないですから」。

副業をやるうえで自らに課しているのは、時給を3000円以下にしないこと。翻訳の価格は300字までの和文の英訳で1000円。1件当たり20分以内で納品できるようにしている。

20年はとくに、副業に注力する1年になった。コロナ禍で海外との往来が難しくなったことにより、本業のエンタメの仕事が激減したほか、在宅勤務に切り替わったからだ。

「家にいる時間が増えたので、試しに自分が限界と感じるまで翻訳の仕事を入れてみたんです。すると、月に15万円程度まで稼げた。20年は確定申告が必要かもしれない」とうれしい悲鳴を上げる。本業で何かあっても翻訳で生きていける、と実感する機会にもなった。

かといって、本業を辞める気はない。それどころか、本業でやっていく自信が副業によって増したという。「翻訳に自信が持てたことで、自分が好きなエンタメの仕事がさらに得意になりました」。

【ECサイト制作】 独立夢見て「腕試し」

将来的に独立することを夢見て、5月から本格的に副業に挑戦し始めたのが「memorica（メモリカ）」さん（ハンドルネーム・26）だ。電機メーカー勤務で、ソフトウェアの開発設計をしているが、自分で稼ぐ力が必要だと感じ、得意のITスキルを生かした副業を始めた。

スキルシェアサイト上で販売しているのは、EC（ネット通販）構築サービスShopify（ショッピファイ）を使ったECサイト制作。同じジャンルで活躍する競合が少ないため、優位性を出せると踏んだ。副業に費やせる時間は、本業が終わり、家に帰ってから。会社の繁忙期だと帰宅が深夜12時を過ぎることもしばしばだが、

20年はコロナ禍の影響で残業時間が減り、時間ができたことも背中を押した。サイト制作を販売し始めてからまだ半年ほどだが、すでに2件の受注を獲得。合計で7万円ほどの収入があった。「自分の力だけでも稼げるのだとわかって、とてもうれしかった」。

メモリカさんの本業の収入は安定しているが、このまま会社員として働き続けていくべきか疑問を抱いているという。「会社員としての仕事が、必ずしもやりたいこととは限らない。それに人生の半分を費やしてよいのでしょうか。自分は、日々の生活ができる収入があれば、好きな仕事をして生きていったほうがいいと思う」と悩む日々だ。

その点、サイト制作で収入を得られたことは、大きな自信になった。今はまだ2件の実績しかないが、積極的に仕事に応募して時間を費やせば、生活していけるだけの収入が得られるのではないか、という手応えを感じている。「決まった給料がある会社員と比べて、個人の仕事は頑張った分だけ稼げて、収入に天井がないのも魅力に感じる」。

かといって、今すぐフリーランスになろうというわけではない。「自分は入社2年目で、会社の研修で学ぶべきことはまだまだあります。それを習得してからでも独立は遅くはない」と冷静だ。本業で仕事の仕方の基礎を固めることで、自分の力を生かせる範囲はおのずと広がっていくはずだ。

（福田　淳、印南志帆）

会社員も知っておきたい

在宅副業の法的問題Q&A

弁護士・大山滋郎

「在宅勤務になって時間が空いたので、自宅で副業をしよう」――そう思っている会社員が注意すべき法律や規則は何か。企業の労務問題に詳しい大山滋郎弁護士に解説してもらった。

【Q1】そもそも会社員は副業をしてもいい？

会社員が副業をしても法律違反にはなりません。憲法で「職業選択の自由」が認められています。会社は従業員が副業を行うのを理由なく禁止することはできないのです。

実際、法律では公務員に関すること以外で副業を禁じる規定はありません。むしろ政府は2019年4月から順次施行している働き方改革関連法で、副業・兼業の普及促進を図っています。

【Q2】在宅勤務中の副業はどのような条件を満たせばできる?

副業を行うことは法律違反ではありませんが、会社は就業規則で従業員の副業を制限することができます。就業規則とは、会社と従業員との労働契約の内容を規定したものです。そこに副業の禁止が書かれている場合、会社と従業員との契約では副業をしないと約束したことになります。

しかし、契約といえども、どんな内容でも規定できるわけではありません。そもそも会社の従業員というのは、一定の労働時間内だけ会社の業務命令に従うことを約束した存在です。労働時間外に何をするかまで会社が規制することは原則として許されません。つまり就業規則に副業禁止と書かれていても従業員は副業をしてよいのです。それは在宅勤務の場合であっても、通常の勤務の場合であっても同じです。

その一方、会社としては従業員の健康管理や、会社の機密情報保持の観点から、従業員の副業について届け出を義務づけていることがよくあります。それは法律上も認められています。

また副業が、会社の競合相手での労働など、会社にダメージを与えかねない場合には、禁止されることがあります。

■副業・兼業は「できる」が原則 ―就業規則のモデル条文（厚生労働省作成）から抜粋―

（副業・兼業）

第×条　労働者は、勤務時間外において、他の会社等の業務に従事することができる。

2 労働者は、前項の業務に従事するにあたっては、事前に、会社に所定の届出を行うものとする。

3 第1項の業務に従事することにより、次の各号のいずれかに該当する場合には、会社は、これを禁止又は制限することができる。

① 労務提供上の支障がある場合
② 企業秘密が漏洩する場合
③ 会社の名誉や信用を損なう行為や、信頼関係を破壊する行為がある場合
④ 競業により、企業の利益を害する場合

ポイント❶ **第1項で、労働者は副業・兼業ができると明示**

ポイント❷ **第2項で、副業・兼業の内容を届けさせる**

ポイント❸ **第3項各号は、裁判で会社の制限が許された例**

（出所）厚生労働省「副業・兼業の促進に関するガイドライン」を基に東洋経済作成

先の例は厚生労働省が作成した就業規則のモデル条文です。ここでは第1項で副業・兼業ができると明示されていますが、第2項で会社に届けさせるようにし、第3項では禁止または制限できる場合を例示しています。競業となる副業は禁止されることがあるのです。

なお、在宅勤務時間中に副業をしてはいけないことは言うまでもありません。その時間は会社のために使用しないといけないからです。在宅勤務の日に副業をした場合、在宅勤務の時間内に副業をしていたのではと、会社に疑われる可能性があります。

しかも、新型コロナウイルスの感染防止のために在宅勤務となっているのに、副業で外に出て感染したような場合には、リスク管理ができていないということで会社から非難されることはありそうです。

これらの場合、表立った処分はされないかもしれませんが、人事査定の際、マイナスに考慮される可能性は否定できません。

【Q3】本業の勤務先に伝えないまま副業したら、どんな問題に?

会社に報告しないで副業をしたとしても、そのこと自体で解雇されるとは考えられません。仮にそれで解雇されたら、会社と争うことができますし、裁判でも勝てるでしょう。

ただし、報告しないで副業をしていたことが判明したら、人事評価で不利に扱われるほか、戒告などの懲戒処分を受けることはありえます。懲戒処分の過去があったために定年後の再雇用を認められなかったというケースも実際にあるので注意が必要です。

【Q4】副業で会社と従業員がもめるのはどんなケース?

副業で裁判沙汰となるほどのトラブルが生じることはめったにありません。もめるのは、本業に影響が出るほどの副業をしたり、会社の評判を落とすような副業をしたりして解雇された場合です。

解雇が有効とされ、労働者に不利な判決となったのは、毎日6時間キャバレーで無断就労していた労働者を解雇した事例や、競合他社の取締役に就任した管理職を解雇した事例です。

一方、解雇が無効とされ、労働者に有利な判決となったのは、無許可で夜間や休日に語学学校講師などの副業をしていた私立大学教授を解雇したケースです。運送会社による、運転手が年に1～2回の貨物運送のアルバイトをしたことを理由とした解雇も無効とされました。また、準社員からのアルバイト許可申請を不許可にしたことについて、準社員に対する会社の損害賠償責任が一部認められたケースもあります。

【Q5】副業先との契約で注意すべきことは？

事業者は1日8時間以上仕事をする労働者に割増賃金を支払う必要があります。例えば本業で8時間働いた後、副業で2時間勤務したら、副業先はその2時間分は割増賃金を支払わないといけません。副業先と雇用契約を結ぶときは、本業の勤務時間も知らせる必要があります。

こうした手間を省くため、副業先は雇用契約ではなく業務委託契約で副業人材を雇うケースが多くあります。ただ、副業先と副業人材とが、「使用・従属」という上下関係（雇用）にあり、対等な関係（業務委託）にないと後で判断されると、労働者は高額な未払い残業代を副業先に対して請求することができます。

また、働きすぎで体を壊したような場合、本業の会社と副業の会社のそれぞれで、従業員の健康管理への責任問題が出てきます。

【Q6】本業の勤務先のことを話して報酬を得ても大丈夫？

これは副業の問題と、会社の機密情報漏洩の問題という、2つの論点が組み合わさっています。

副業という点では、自由時間に小遣い稼ぎをすること自体は、基本的に禁止されていません。ただ、会社の情報をよそに提供する行為については、機密保持の観点から、会社の規制が入ることは十分に考えられます。会社にバレた場合、機密保持についての就業規則違反で処分される可能性は否定できません。まったく根拠のない誹謗中傷なら、業務妨害罪など刑事上の罰則の問題も生じます。

なお、「言論の自由」は憲法上の権利であり、受け手に有用な情報を与えることからも保護されています。本当の情報を提供する限り基本的に法的責任は生じません。
退職した会社のことを話すのも同様です。会社は退職する従業員と守秘義務契約を結ぶことができ、その中で在職中のこと一切に関し守秘義務を課すことはできます。それに違反したら、契約違反の責任を問われます。逆にいえば、会社としてはそこまでやっておかなければ、従業員が在職中の賞与などについて話すことに対し、法的責任を問うのは難しいでしょう。

大山滋郎（おおやま・じろう）
メーカーの法務部門に15年間在職。NY州弁護士。外資系大手弁護士事務所などを経て独立。現在は横浜パートナー法律事務所代表弁護士。労働問題など企業の法務実務に詳しい。

ハイキャリア副業人材に熱視線

顧問やコンサルで高収入

企業の幹部や管理職など、高いキャリアを持つ人材が続々と副業市場に参入している。クラウドソーシング大手のランサーズが7月に行った調査によると、副業実施者のうち、役職者は3割を占める。

ハイキャリア副業者に熱い視線を注ぐのが、デジタル化や新規事業創出など、社内に知見が乏しい経営課題を抱える企業だ。彼らを顧問やコンサルタントとして活用することで、直接人を雇わなくとも「かゆいところに手が届く」アドバイスがもらえると、高額な報酬を積むケースもある。

【顧問】 現場のDXに30代の顧問

福岡県にある中堅建築用塗料メーカーのアステックペイントは、2019年に現場の業務効率を改善するアプリを開発した。施工の進捗や職人の出退勤など、これまでバラバラだった情報を1つのアプリ上で一元管理できる。アプリの開発に当たり、アステックは専門人材を外部から招聘することにした。顧問紹介サービスの「icom-mon（アイコモン）」を介して2019年1月に顧問として就任したのが、山田大典さん（35）だ。

当時の山田さんは、本業として大手通信会社の部長職を務める傍ら、副業としてアステックの顧問を引き受けた。副業を始めたのは30歳を迎えた15年のこと。東大卒業後に外資系コンサルティング企業に入社し、国内外のベンチャーなどでアプリの開発や新規事業の立ち上げに広く携わってきた。「自分がどの程度役に立てるのか腕試しをしたい」と考え、個人として顧問や経営コンサルを引き受けるようになった。

最初の半年はなかなか仕事が来なかったが、自分の得意分野を明確化し、仲介会社へ積極的に営業をかけたところ、徐々に仕事が入るようになった。

通信会社では、複数の新規事業の立ち上げを任されていた。副業は当然、業務の隙間時間に行うことになる。「会社員時代は、就業前の10時まで、昼休みの1時間、終業後の19時からを副業の時間に充てた。顧客との面談など、まとまった時間が必要な場合は有給休暇を取ることもあった」。それでも、副業だけで十分生活費が賄える程度の収入を得られていたため、「会社を辞めれば自分の時間をもっと自由に使えるのでは」と、20年1月に会社員を辞めた。現在は、もともと経営していたコンサル会社で、社員とともに週3日ほど顧客の企業に出社しつつ、個人で4~5社の顧問を行う日々だ。

会社員時代から今まで、並行して複数の経営課題と向き合ってきた山田さん。どうやって時間をやり繰りしているのだろうか。

その秘訣は、副業で受ける仕事を原則的にリモート対応に絞っていること。コロナ禍で今でこそ普及したリモートワークだが、ずっとこのスタンスを続けている。九州にあるアステックに出向いたのも、1年間で数回だ。リモートならば、会議を効率的に行い、移動時間のロスも減らすことができる。

コミュニケーションにもコツがある。顧問先の信頼を得るうえで大事なのは、とにかく最初のアウトプットを早く示すこと。ギリギリまで資料を作り込んで完成度を高めるよりも、未完成でも先に出し、追って緻密に議論を進めるほうがいい。メールにすぐ返信をするのも基本だ。「受信したメールをすぐ見られなくても、『夜に確認して明日お返事します』と簡単に返信するだけで相手の安心感はぐっと高まる」。

責任の重い本業があっても、副業を続ける意義はあるという。「仮に本業の調子が悪くても、副業がうまくいっていればバランスを保てる。いくつもの顔があればポジティブに生きられる」。

山田さんが顧問登録をするアイコモンには、1万5000人以上が登録されており、契約期間は1年など、長期の案件が多い。もともとは退職した大企業の役員など、シニア層の活用を狙って始めたサービスだったが、ここ2年ほどで登録者の属性は変わってきているという。「副業解禁を受けて、20~30代の若い世代が副業で登録するケースが増えている」(アイコモン)。コロナ禍により在宅勤務が導入されたことで、これまで夜間や土日しか活動できなかった副業としての顧問が平日の昼でも対応できるようになり、企業の活用例は拡大している。

【医療コンサル】本業は整形外科医

士業や医師といった特定の領域に専門性がある人材も、副業での活躍の場が広がっている。整形外科医として働く沼口大輔さん（39）は、2016年から終業後に医療コンサルタントの副業を始めた。

コンサル登録をしたのは、1時間単位でのスポットコンサルを提供する「ビザスク」。1月末時点で10万人以上の登録者がおり、その7割が副業だ。

沼口さんにコンサルの依頼をしてくるのは、医療機器メーカーや製薬会社、これらの企業を顧客に持つコンサル会社など。「医師がどのような場面でどの医療機器を採用しているのか、手術室の環境や新製品をどう評価するかなどについて、よく質問される」。

コンサル料は、1時間当たり6万円が基本だ。19年までは1万～3万円に設定していたが「案件が成立する際に、依頼者からもっと高い金額を提示されることが多かった」。そこで、専門領域でのコンサルの相場金額へと値上げに踏み切った。月に受ける仕事は1～2件ほどで、10万円程度の月収を得ているという。依頼者が高額な対価を支払ってまでコンサルを依頼するのはなぜか。

1つには、現役の医師とコンタクトを取るのが年々難しくなっているからだ。従来、製薬会社のMR（医薬情報担当者）は病院を事前の約束なしに訪問し、プロモーションを行ってきた。だが今は、事前のアポなしに会うことが難しくなり、面会を実現するのに時間がかかる場合もある。

それに追い打ちをかけたのがコロナ禍だ。今は、感染対策のため外部からの訪問を禁止している病院がほとんどだ。現役医師との接点がさらに減る中、対価を支払って医師と確実に面会できるなら願ったりかなったりというわけだ。しかも、「コンサルを引き受ける医師は複数いるが、大半は現役を引退していたり、経営サイドに回っていたりする人。沼口さんのような手術を行う現役医師は貴重な存在だ」（ビザスク）。

手術をこなす現役医師となれば、長時間労働かつ急患により予定が変わりやすいイメージがある。ただ「これまで緊急手術で副業の依頼をリスケジュールしたのは1回だけ」（沼口さん）。整形外科は事前にスケジュールが読める手術が大半。さらに、病院業界の働き方改革により残業が減ってきているのも大きい。沼口さんの場合、定時過ぎには仕事が終わり、そのあと病院の中でビデオ会議でのコンサルに応じることが多い。

「医師としての経験や知識を生かして相談に答えることで、社会が変わる1つのきっかけになれたら」。ハイキャリア人材にとって、副業は重要な自己実現の手段となっているようだ。

（印南志帆）

支持されるのには理由あり

個人メディア運営のコツ

コンテンツプラットフォームの「ｎｏｔｅ」やブログなどで、誰でも「個人メディア」を作れる時代。収益化の成功例は注目されるが、それほど簡単ではない。そう実感しているのが、フリー記者の私だ。２０２０年5月に「３０ｓｔａ！（サティスタ！）」を立ち上げたが、月間アクセス数は最高１４１5と鳴かず飛ばず……。どうすればより多くの人に読んでもらえるのか知りたく、個人メディアの先輩を訪ねた。

コンビニアイスに特化した人気アイスマン

まず話を聞いたのは、個人メディア「コンビニアイスマニア」を運営するアイスマン福留さん（ハンドルネーム・47）。開設は2010年。Web制作会社を営んでいた福留さんは、大好きだったコンビニアイスに着目。「自分でも情報発信しよう」と、実食して紹介するサイトを立ち上げた。世間に告知すべく、「私はコンビニアイス評論家」とのプレスリリースを作成し、配信。すると複数のメディアに取り上げられ、知名度が上昇。本業のWeb制作の傍ら、「アイスクリーム万博」などのイベントをプロデュースしたり商品開発に協力したりして、副収入を得るようになった。

サイトでは約2300のアイスについて、味のレビューや商品シリーズの歴史、パッケージの秘密などを写真付きで紹介。「毎日3つは欠かさず食べ、パッケージも倉庫を借りて保存している」と福留さん。継続は力なり、だ。

最近はこのアイスの情報をSNSでも発信。フォロワー数はツイッターが17万人超、インスタグラムが6万人超に達する。フォロワー数増加の要因は、「情報をそぎ落としているから」と分析する。

投稿するのは商品の感想や発売の情報に限り、自分自身の露出は極力避ける。「フォロワーはアイスマン福留ではなく、アイスに興味がある。アイス以外の情報は邪魔」

と言い切る。

「批評しない」のも福留さんの流儀。「僕の活動の目的はアイスを食べて楽しんでもらうこと。食べる機会を批評で邪魔したくない」。幅広い支持は、このこだわりの姿勢に起因していそうだ。

地道な取材活動で認知症カフェの情報を発信

続いて伺ったのは、コスガ聡一さん（43）。フリーのカメラマンをしながら、2016年から認知症患者やその家族の孤立を防ぐ「認知症カフェ」を紹介するブログ「全国認知症カフェガイド on the WEB 」を運営している。

きっかけは認知症に関する取材で撮影を担当したこと。認知症カフェは当時数百カ所あったが、知名度は低く、ブログで知名度向上に貢献しようと考えた。

最初に取りかかったのは、全国にある認知症カフェの一覧を載せること。当時一覧はどこにも存在せず、各自治体のサイトで念入りに検索した。自力で5500カ所を掲載。今も毎年、半年以上かけて更新作業を続けている。

ブログ記事のための取材も始めた。警戒されないよう初回の訪問はあいさつだけ。そのうえで後日取材を申し込むようにした。経費節約のため深夜バスを多用。「これまで230カ所に足を運んだ」。

地道な取材活動で認知症カフェというニッチ分野で第一人者となり、自治体から講演を頼まれたり、大手新聞社のWebメディアに動画連載を持ったりするように。20年6月には書籍『全国認知症カフェガイドブック』も出版した。

結果的に講演活動や書籍発刊で副収入を得たが、「マネタイズを意識したことはない」と言い切る。「ブログに表示される広告も医療系を除外するよう設定している。マネタイズに背を向けないと信頼を得られないと感じる」。

ツイッターを活用してニーズを発掘

「ビジネスと心の関係性」について情報発信し、ツイッターとnoteでともに約

3・5万人のフォロワーを抱えるのが、「とくさん」のハンドルネームで活動する徳政憲和さん（44）だ。

2008年、不安を抱きやすい自身の悩みで認知行動療法に助けられたことから、同療法を踏まえた心の問題の予防について発信を開始。そこからフォロワーを増やし続けた。「やみくもに心に関して発信したわけではない。どうすれば伝わるかを意識し、細かなチューニングを繰り返した」と振り返る。

「伝えること」の重要性に気づいたのは5年前。職場で学んだ経営論を忘れないように、ツイートしたのがきっかけだ。「株主中心の経営を日本市場にどう取り入れるか」についてつぶやくと、インフルエンサーにリツイートされるなど反響を呼んだ。その内容をブログにまとめると、多くの読者がついた。「この経験から、ツイッターを活用すると読者のニーズを推し量れることに気づいた」。

それから認知行動療法についても、ツイッターで読者の感触を探り始めた。反響が大きかったのは、「ビジネスと心の関係」に関するツイート。その投稿を繰り返し、文章をｎｏｔｅにも掲載すると、双方でフォロワー数が膨らんだ。

徳政さんは20年勤務先を退職。カウンセリングなどを手がける会社を設立した。自身の経験を基に、SNSで投稿するネタについてこうアドバイスする。「どんな仕事でも、世間からの見え方と実像にはギャップがある。そのギャップを実体験に基づいてツイートすれば読者のニーズが見える」。

3人とも発信内容はバラバラだが、共通するのは読み手のニーズを強く意識していること。私に足りなかったのはこの「顧客視点」だった。まずは「疲れた～」などとつぶやくことをやめようと思う。

（オフィス解体新書・杉山直隆）

ニッチ分野に勝機あり

稼ぐＷｅｂサービスを作る

クラウドソーシングなどのプラットフォームで仕事を受注する以外に、個人でＷｅｂサービスを開発し、収益化する方法がある。だが大手ＩＴ企業によるサービスがしのぎを削る中、そうしたことが可能なのか。実践者３人に聞いた。

【メンターをマッチング】 自分が欲しいサービスにこだわるべき

「自分が使いたいサービスを作ると、ヒットの確率は高まる」。そう語るのは入江慎吾さん（３８）。プログラミング学習者とエンジニアをつなぐＷｅｂサービス「ＭＥＮＴＡ（メンタ）」を開発した。

入江さんはフリーランスのエンジニアとして受託開発を手がけていたが、「自分のサービスを開発したい」と一念発起。受託開発をやめ、自前でMENTAを開発し、2018年春にリリースした。

きっかけは自身の経験だった。プログラミングは難しかったが、かつて開発会社で先輩に教わり、習得することができた。同じように自分が学びたい分野で、ネット上で教えてくれる人（メンター）と出会えるサービスを起案した。

課題はユーザーとメンターをどう集めるか。考えたのはツイッターの活用だ。オープン前にツイッターで利用希望者を呼びかけると、テストユーザー、メンターともに200人近くが集まった。「満を持してオープンし、それからユーザーを集めるより、事前に集めて反応を探るほうがいい」と語る。

サービス開始時は順調にユーザーが集まったが、2カ月目以降に伸び悩んだ。そこでジャンルをプログラミングに特化。「ニッチ分野に特化したら、結果的に利用されやすくなった」と振り返る。

その後もユーザー数は拡大し、開発やデザイン、顧客対応などの業務を外注化。売り上げは年間4000万円を超え、20年10月にランサーズに事業を売却。自身も同社に参画し、事業責任者に就いた。「稼ごうとして作ったのではなく、自分が欲しいサービスにこだわったことが、結果的に収益化につながった。自分の原体験に忠実になることが大事」と話す。

【電源検索サイト】サービスが独り歩きする

外出先でパソコンの電源やＷｉ-Ｆｉ環境のあるカフェや図書館の情報を教えてくれる。そんな電源検索サイト「モバイラーズオアシス」を10年以上運営しているのが、古川大輔さん（45）だ。

古川さんはフリーランスのエンジニア。サイトを立ち上げたきっかけは、カフェで仕事する機会が多く、電源やＷｉ-Ｆｉ環境を検索できれば便利と感じたことだ。

自分でサイトを開発し、苦手な画面デザインは外注した。課題はカフェや図書館の情報をどう集めるか。当初は自身でネット検索して掲載したが、その後ネット上から自動で情報を取得する技術を導入。情報を提供してくれる人も増え、ユーザー増加につながった。

しだいに、自分が知らないカフェの情報が掲載されるケースが増えていったという。「サービスが開発者の手を離れ、独り歩きした感覚でうれしかった」と振り返る。

サイトの広告収入を伸ばすことを狙ったが、限界があった。そこで地図会社に目をつけた。電源やＷｉ-Ｆｉ環境の情報を毎月定額で地図会社に販売する契約を結んだ。ただ、広告と地図会社からの収入では生活には不十分だといい、今も受託開発を続ける。

モバイラーズオアシスは、会員登録機能などはあえて搭載していない。重要なのは機能を広げすぎないことだとアドバイスする。「個人でＷｅｂサービスを開発すると、運営も収益管理も全部１人でやらねばならず、リソースが足りない。いかに余計なことを省いたうえで、ユーザーに価値を届け続けるかが問われる」。

【ランチの店舗を検索】 失敗から得た教訓

「8年間で20以上のサービス開発に失敗した」。そう語るのが坂本蓮さん（28）。得意なプログラミングを生かし、大学時代から個人でWeb開発を続けてきた。

作ってきたのはゲームアプリやWebメディア、マッチングサイトなど多岐にわたる。主に広告収入を狙ったが、ハードルは高かった。「広告はとにかく多くのサイト訪問者が必要。SNSで瞬間的にバズらせる（話題になる）ことはできても、個人が継続させるのは難しい」。

失敗例の1つに挙げるのが、人数と値段を入力すれば、現在地から手軽にランチの店を検索できるサービス。ただ「人がランチを検索するのは、多くても1日1回。しかも毎日は使わない。広告との相性は悪かった。課金モデルにするのも現実的ではなかった」。

サービスを多く開発した中で、収益化が順調だったのは、古本などをネット上で転売し利ザヤを稼ぐ「せどり」の作業効率化ツール。ニッチだが、月額1万円の利用料で100人以上に使われたという。「せどりやアフィリエイト（成果報酬型広告）はネット上で稼ぐ手段だが、そのこと自体で稼ぐより、それで稼ぐ人向けのツールを開発したほうが儲かりやすい」と話す。しかし、同サービスはアプリ出品サイトの利用規約に抵触し、結果的に終了することになった。

今は起業し、法人向け業務効率化サービスを開発している。「サービス開発は技術より、何を作るかを考えることが難しい。自分には個人向けより、法人向けサービスのほうが合っていた」と振り返る。

インターネットのビジネスというと、かつては広告収入で稼ぐ方法ばかりが注目されたが、今やその選択肢は多様化。プログラミングのスキルが不十分でも、エンジニアに外注したり、開発が容易なツールを利用したりと手段は増えている。アイデア次第で勝負のしようはありそうだ。

（許斐健太）

地方の仕事を副業に

「地方副業」への関心が高まっている。地方企業や地方自治体の仕事を、都市部にいる人が副業として担うというものだ。

人材大手パーソルグループのパーソルキャリアは20年11月、「地方での副業に関する意識調査」の結果を発表した。副業に興味がある人のうち、地方の企業・団体で副業をすることに興味がある人は76・4％に達した。しかも、新型コロナウイルスの感染拡大前と比べて興味が高まった人は49・4％。地方副業への関心が加速しているのだ。

その理由について複数回答で聞いたところ、最も多かったのが「スキルや仕事の幅を広げることができる」だった。「地方に貢献したい」と社会的意義を強調するのではなく、純粋に自分のキャリアアップを考えている。自らの成長を目指して本気で考えている人が多く、地方副業を志向する流れは、いっそう本格化しそうだ。

では、地方副業の実態はどうなっているのか。実際に取り組んでいる人の実例を見ていこう。

福岡県企業の経理業務IT化

まずは東京在住で福岡市の企業の業務IT化を担当している寄合龍太さん（38）。本業は動画配信会社のシステム開発のチームリーダーだ。システムエンジニア(SE)としてのキャリアが豊富で、複数の企業を経験し、フリーランスとして働いていた時期もある。

そんな寄合さんが、福岡市の投資ファンド会社「ドーガン」の業務を始めたのは20年4月。地方の仕事と都市部の人材をつなぐ仲介サイト・JOINSにて応募し、採用された。これ以前にも7〜8社に応募していた。

ドーガンの募集要項には、「エクセルファイルの請求書データ一覧を、請求書発行システムに読み込ませるために、エクセルからCSVに転記するためのマクロを作っていただきたい」と詳細な業務内容が書かれていた。

それに対して寄合さんは具体的な設計書を付け、1カ月もあればできますと応募。自分の経験やスキルも簡潔に伝えた。

ドーガンで採用を担当した小田未来取締役は、「20人弱の応募があったが、その中で寄合さんは、『根本的な問題も含め、こういうことが想定されるから、こういうシステムを組めばいい。それを私はすぐにお手伝いできます』と言ってくれた。こちらが抱えている課題も理解したうえで適切な解決策を出していただけた」と採用を決めた。

Webを通じた面談が2回。コロナ禍もあり、直接会うことなく採用に至り、完全リモートで仕事が始まった。寄合さんがドーガンの仕事をするのは週に2～3日。週1回の定例Webミーティングのほか、19時以降の2時間ほどで作業している。月収は約10万円だ。事前に業務内容を詰め、月10万円ほどでできる作業に調整している。募集要項にあった「請求書のマクロ作成」は1カ月ほどで完了し、その後も経理業務全般のＩＴ化を支援している。

請求書データの作業が終わった後、業務全般のＩＴ化にも携わってもらう、というのは実はドーガンが最初から狙っていたことでもある。機密情報の多いドーガンとしては、「まず細かい作業で募集し、確実に仕事ができ、信頼も置ける人と確認できた後で業務の幅を広げていきたいと考えていた」（小田取締役）。

システム人材の採用はどの企業にとっても難関。しかも正社員を雇うほど業務量は多くない中小企業には厳しい。「副業という枠で、都市部にいる専門性の高い人も含め２０人弱もの応募の中から選べたことは大きなメリットと感じている」（同）。

寄合さんは本業とドーガンのほか、もう2社でプログラミングやシステム開発を行っている。「これ以上業務を増やすことは難しいが、副業はずっと続けていきたい。いろいろな経験を積むことでスキルアップできるし、そのことは本業の勤務先にも役立つはずだ」と、今後の副業にも意欲的だ。

福島県企業のＷｅｂマーケティング

実例２人目は東京在住で福島県の企業のＷｅｂマーケティングを担当している山田皓子さん（３１）。現在、フリーランスでＷｅｂデザインなども行っている。

北海道の大学でデザイン関係を学んだ後、上京してＷｅｂ系の広告代理店に勤務。1年後、女性向けのＷｅｂメディアへ転職。その後、フリーランスを1年ほど経験し、総合Ｗｅｂメディアに入社。現在は退職して再びフリーランスとして働いている。

そんな山田さんが２０年１０月から仕事をしているのは、福島県いわき市の「いわきユナイト」。地域商社として県内の食品メーカーと商品を開発したり、その商品を販売したりしている。仲介サイト・ＪＯＩＮＳを通じて応募、採用された。

いわきユナイトの植松謙代表は「応募者は２０人超。当社への提案内容や職務経歴などで絞り、5人ぐらいとＷｅｂ面談をして山田さんに決めた。地方の特産品のＥＣ（ネット通販）経験があり、しかも当社のＥＣサイトを見て具体的にやるべきこと、やることを提案してくれたことが決め手になった」と採用の経緯を振り返る。

山田さんが採用後に取り組んだのは、ECサイトのSEO（検索エンジン最適化）対策や、ECサイト流入者の分析など。現在はLINEやメールマガジンでの配信を週に2～3回行い、ECサイトへの集客を増やしている。サイトの魅力アップのため、バナーを作ったりもしている。

今後は、「ごはんのお供」特集や「おつまみ」特集など、ECサイト上で特集を組み、そのデザインや、LINEやメルマガでの配信の強化が計画されている。

山田さんがいわきユナイトの仕事をするのは月に30時間ほど。毎週月曜日の定例Webミーティングのほか、チャットツールを使ってこまめに連絡をとっている。

月収は約10万円。いわきユナイトは国の「中小企業デジタル化応援隊事業」の制度を活用しているため、21年2月までは山田さんの人件費の9割近くを補助金で賄える。JOINSへの手数料月4万円を加えても約5・5万円の負担にとどまっている。

山田さんは、いわきユナイトのほか2社でデザインの仕事もしている。自宅のほかシェアオフィスも利用。よく使うのは「マフィス」だ。24時間利用できる便利な施設で、いつ行っても席は半分ほどしか埋まっていないという。保育スペースが併設されていて、預かりサービスもある。小さい子どものいる山田さんにとってはありがたいオフィスだ。

12月に引っ越す京都にも同様の保育スペース付きシェアオフィスがないか探している。デザインやECサイト制作の経験を生かして京都でもリモートワーク中心の仕事を続けていく考えだという。

長野県企業の集客支援

冒頭で触れたパーソルキャリアの地方副業の意識調査では、副業で働いてみたい企業・団体の所在地も聞いている。1位北海道、2位沖縄県、3位長野県だ。

その長野県の企業の仕事をしているのが高橋俊行さん（38）だ。神奈川県在住で、本業は小売り業界のIT化支援。複数の小売業者のデジタルトランスフォーメーション（DX）を支援し、業務効率の改善や販促活動の強化を図っている。

高橋さんの経歴は多彩だ。大学卒業後、最初の仕事はトラックドライバー。先輩が経営している運送会社で働いた。その次は高級時計・宝飾品の小売業。そこでWebマーケティングの仕事を自らやり始めて面白さに目覚めた。もっと深掘りしたいと考え、経営コンサルティング会社に転職。さらにベンチャー系の広告代理店、大手の総合広告代理店を経て、現在に至っている。

今の会社は大手に比べると小さいが、小売業のDXを行って業界の流れを変えようという意気込みに魅力を感じた。もともと小売業にいて得たWeb広告の知見も生かせると思ったという。

副業として働く長野県の企業はパナホーム長野中央。戸建てを中心とした住宅、パナソニックホームズの販売・施工・リフォームを行う会社だ。高橋さんは20年5月中旬から業務を始めている。

採用はJOINS経由。応募する際には、自分の作品を載せるコンテンツプラットフォームnoteに、「もしパナホーム長野中央のCMO(最高マーケティング責任者)だったら?」という文章を掲載。同社の概要、外部環境の整理、強み・弱みの分析、それらを踏まえて実際にどんな取り組みをすればいいかを具体的に提案した。

応募資料とそのｎｏｔｅを見たパナホーム長野中央から、１次Ｗｅｂ面談希望の連絡があり、２次Ｗｅｂ面談を経て採用に至った。

現在行っている業務はインスタグラムを使った集客支援。アカウントをつくるところから始め、認知度アップを進める。住宅購入を考えている人が見たい情報は画像だ。ツイッターやフェイスブックではなく、インスタグラムで写真を見せ集客に結び付けている。在宅での作業時間は月に２０時間ほど。月収は約１０万円だ。

本業で勤めている会社は副業ＯＫ。副業をしている同僚も多い。本業の仕事はフルリモートで、フルフレックス。基本的にどの時間にどこにいてもいい。実際には平日９時～１９時ぐらいを本業の業務時間とし、１９時になると「帰宅」する。

副業の仕事をするのは平日の早朝が多い。朝５時ぐらいに起きて、３歳と６歳の子どもが起きる８時ぐらいまでに終える。土・日・祝日は基本的に休み。プロジェクト管理ツールを使って勤務時間を記録し、それを申告して給料をもらっている。

１１月からはもう１社で副業を始めた。学習塾のＷｅｂマーケティングだ。今度は

ｎｏｔｅではなく、７０ページほどのしっかりとした提案書を作って応募した。同社の現状を分析し、課題を整理したうえで、何をすべきか、どういうメディアをどう使えばよいかなど具体的に示し、採用された。

今後はさらにもういくつかの企業で副業をすることも検討している。フリーランスで稼いでいる人たちとつながり、いろいろ情報交換もしている。ｎｏｔｅなどを使って自分を直接企業に売り込むことも考えているという。

長野県塩尻市のCCO

副業先として人気の高い長野県。副業で働く人を自治体でも活発に採用している。代表が県中部の塩尻市。そのＣＣＯ（最高コミュニケーション責任者）になっているのが神奈川在住の千葉憲子さん（３６）だ。

ご多分に漏れず、人口減少や商店街の活性化など地方における課題を複数抱える塩尻市は、１９年１１月に副業限定で、特任ＣＭＯ（最高マーケティング責任者）と特任ＣＨＲＯ（最高人事責任者）を募集。大手自動車会社の幹部などを採用でき、塩尻市のブランド戦略立案や市内中小企業の採用戦略アドバイスを担ってもらった。

「想定以上にたくさんの優れたスキルや人脈を持つ人から応募があった」（塩尻市の地方創生推進課の山田崇氏）。そのためさらに5人のＣｘＯ（分野ごとの最高責任者）を採用しようということになり、ＣＣＯとして5月に採用されたのが千葉さんだ。

ＣＣＯの業務は、塩尻のファンを増やすこと。オンライン会議やオンラインイベントの司会進行がメインだ。8回にわたる塩尻未来会議オンラインのほか、１０月に開催された「オンライン木曽漆器祭」などで司会を担当した。

イベントで講義をするゲストの人選や出演交渉も行い、総務省でワーケーションを推進している官僚を塩尻未来会議オンラインに呼んだ。漆器祭のときは塩尻市に出向いたが、そのほかのオンライン会議は基本的に自宅などリモートで行っている。

千葉さんは塩尻市の隣、松本市の生まれ。今も実家があり、松本市で過ごすことも多い。塩尻市出身の高校時代の友人がＣＣＯ募集を知り、千葉さんに合っている仕事だから「絶対応募するように」と教えてくれ、応募したところ採用された。千葉さんの本職はガイアックスの社長秘書。名古屋証券取引所に上場するＩＴベンチャーだ。コミュニティディレクターという、会社のファンを育てる仕事も兼務している。塩尻市のＣＣＯに近い仕事だ。

大学進学を機に上京。卒業後、商社に就職。子どもを2人産み、2年半の産休を取った。その後、復職したが、「働く場所や時間は自分で決める」というガイアックスの存在を知り、転職。ガイアックスは入社したメンバーの多くが起業する会社で、コロナ禍前から在宅ワークが進んでいた。

千葉さんにとってイベント運営は趣味のようなもの。さまざまなイベントを企画、運営し、好きでいろいろやっていたら、仕事としてお金をもらえるようになった。

きっかけは2年ほど前に立ち上げた「川崎１００人カイギ」だ。１００人カイギは、地域や会社など身近な人同士の緩いつながりをつくるコミュニティ活動。６０ほどのカイギがあり、川崎のものも立ち上げたいと、仲間を集めて主宰者に持ちかけた。今もキュレーターの一人として千葉さんの名前が入っている。

ほかの副業もやっている。スナックのママだ。いずれは自分の店を持ちたいと本業勤務先の社長に話したところ、今すぐにやったほうがいいと言われ、2年ほど前から月1回程度、銀座などで不定期のママをやっている。店を借りてスナックをやるから来てというところから始め、最初のうちは売り上げもほとんどない状態だったが、その後は「スナックやります」と言うとほぼ満席になるという。そうした副業での稼ぎをトータルすると月20万～30万円になる。

ただ千葉さんの実感としては、「月に2万円や3万円を副業で稼げるようになっても、そこから20万円、30万円を稼げるようになるのは難しい。自分が得意なこと、好きなことを副業にしないと続かないし、お金をいただけるようになるまでは大変」という。

自分には何ができるか、ほかの人から必要とされるものは何かを見極め、磨いていくことが、副業で高収入を得ていくために必要となりそうだ。

（福田　淳）

節税だけではない

副業の税金問題Q&A

税理士・高橋　創

会社員が在宅で副業をする場合、思わぬ税負担で悩むことがある。注意点や対処法を高橋創税理士が解説する。

【Q1】在宅副業で収入を得たときの注意点は?

個人は、「なんらかの収入を得た」時点で所得税の計算が始まります。法律で「非課税」と定められているごく一部のもの（10万円の特別定額給付金や宝くじの当せん金など）を除いて、ほとんどの収入に所得税が課される可能性があります。

副業であっても収入を得たときには税金のことを考えなければなりません。「少しの額だから大丈夫」などと考えずに税金と向き合う心の準備をしておきましょう。

【Q2】確定申告が必要になるのはどんな場合?

収入がある場合でも、その収入を得るためにかかった経費を差し引いた結果が赤字となるときには所得税はかかりません。その場合には確定申告をする義務もありません。

収入から経費を差し引いた結果が黒字となる場合には原則として確定申告をする義務が生じます。しかし、利益がごく少額である場合にまで確定申告をすることになっては納税者も税務署も大変です。そこで給与所得以外の所得金額の合計が年間20万円以下である場合には確定申告をしなくてもよいという特例が設けられています。ただし、個人住民税にはそのような特例はなく、確定申告が必要です。

【Q3】副業収入の節税方法は?

副業で収入を得て所得税の確定申告をすることになった人の多くは、できるだけ納税額を減らしたいと考えます。しかし、小規模な副業での収入は「雑所得」に分類されることが多く、その場合、特別な節税策はありません。

課税の対象となる利益は「収入金額－必要経費」で計算されます。副業にかかった必要経費をしっかり記録しておくことがいちばん重要になります。その証拠書類となるレシートや領収書は捨てずにしっかり取っておきましょう。

副業の収入が大きくなると、「事業所得」に分類されることがあります。そうなると税制面での優遇制度を利用できます。

1つ目が青色申告による特別控除です。青色申告は確定申告の種類の1つです。複式簿記による記帳を行い、貸借対照表と損益計算書を確定申告書に添付することで、最大65万円の特別控除を受けられます。税金を計算するときの対象所得額を最大で65万円減らせるのです。記帳などを行わない「白色申告」は、手間は少なくて済みますが、この優遇はありません。

2つ目の税制優遇がほかの所得との損益通算です。事業所得が赤字になれば、給与所得と相殺して所得税の還付を受けられます。

副業収入が事業所得となるか雑所得となるか、明確な基準はありません。しかし、損益通算をしようとして少額の副業収入を事業所得としたところ、雑所得として申告するよう税務署から修正依頼を受けたという話も聞きますので、副業の収入が少額なうちは雑所得として申告するのが安全策かと思います。なお、税務署に開業届を出しているかどうかではなく、あくまで規模が判断基準となるので注意しましょう。

■副業収入が増えたら「事業所得」として申告し節税を

	副業収入が増えたとき 事業所得	副業収入が少額のときはこちら 雑所得
利益の計算方法	収入金額 ― 必要経費	
副業の規模	「事業」といえる規模	左記以外
青色申告特別控除	最高65万円の控除あり	控除なし
ほかの所得との損益通算	可	不可

（出所）筆者作成

【Q4】副業のためにお金を借りるにはどうすればいい？

副業のための借り入れは難しいと思われがちですが、金融機関は基本的に副業についても通常の融資として取り扱います。したがって新しく副業を始める場合には事業計画が、すでに副業をしている場合には実績がしっかりしていれば、借り入れは可能です。

金融機関がいちばん気にするのは「貸したものが返済されるか」ですので、その部分で安心感があれば貸してくれる可能性は高いと考えてよいでしょう。

新規で副業を始める場合におすすめなのは創業融資制度です。日本政策金融公庫の創業融資制度のほかに、自治体が独自の支援制度を設けていることもあるので、まずは市区町村のホームページなどを確認することをおすすめします。

なお、いかに有望な副業であっても、勤務先で副業が認められていない場合や、副業内容が投資である場合、自己資金があまりに少ない場合には融資は難しいようですのでご注意ください。

【Q5】コロナ禍における支援制度は副業でも使える？

コロナ禍における支援制度としていちばん知られているものは持続化給付金です。申請期間は2021年1月15日まで、給付額は個人事業者で100万円までとなっています。経済産業省のホームページでは、「副業している場合はどうなるのか」という問いに対して、「確定申告において事業収入がある場合は、対象になります」と回答されています。ここでいう「事業収入」の明確な定義はありませんが、事業所得や雑所得といった区分にとらわれず、反復・継続して行われている個人事業であれば対象となるはずです。

融資では、日本政策金融公庫の新型コロナウイルス感染症特別貸付や、信用保証協会のセーフティネット保証4号を利用している人が多くいます。副業であっても要件を満たしていれば申請できますし、申請が認められれば融資を受けることができます。あくまでも金融機関の審査次第にはなってしまいますが、要件に該当する場合には検討してみてもよいでしょう。

【Q6】会社に知られないように副業収入を得る方法は？

副業に関する相談でいちばん多いのは「どうしたら会社にバレないか」というものです。バレる要素としていちばん知られているのは、会社を経由して手元に届く「住民税の決定通知書」です。

この通知書は確定申告書の簡略版のようなものですので、会社からの給料以外にも所得がある場合にはその旨が表示されます。それがいったんは会社に届くわけですから、会社がチェックしようと思えば給料以外の所得の有無を確認することは可能です。

しかし近年はプライバシー保護の観点から目隠しのシールなどが貼られることも多く、会社でのチェックはしづらい状況にあります。会社から渡されたときにシールが剥がされていたら注意が必要です。

書類上はわからなくても、給料から天引きされる住民税額がほかの従業員とは大きく違っているような場合には、副業をしていることが会社に知られてしまうかもしれません。その対策としては、確定申告書第二表の「給与・公的年金等に係る所得以外の所得に係る住民税の徴収方法の選択」欄の「自分で納付」のところに「○：マル印」

をつけることです。副業分の住民税を給料からの天引きとせず自分で納付することとなり、住民税額の変動は会社から把握できなくなります。

このように、会社に知られないようにする方法はあるのですが、副業が周りに知られてしまう要因のツートップは「自分から周りに話した」「お金の使い方が変わった」ですので、副業がうまくいったとしても言動には注意しておきたいところです。

高橋　創（たかはし・はじめ）

会計事務所勤務を経て2007年独立。副業で飲食店を経営。『桃太郎のきびだんごは経費で落ちるのか？　日本の昔話で身につく税の基本』など著書多数。

未経験者・初心者OKの仕事から始める

【テープ起こし・文字起こし】 1500件超の受注実績

「未経験者OKの仕事に、とにかくたくさん応募しました。おかげで今では月に40万円前後の収入を得られるようになりました」

そう語るのは、千葉県在住の「むこうじま ちえ」さん（ハンドルネーム）。高校を卒業してすぐ結婚。その後はほぼ専業主婦。歯科助手などパートタイムの仕事くらいしかしたことはなかった。だが今はパートをすべて辞め、テープ起こし・文字起こし専業で、稼げるようになっている。税務署への開業届も提出した個人事業主である。

仕事の受注は、クラウドソーシングサービス大手、クラウドワークス経由のものが中心だ。テープ起こしは、発注者から音声データや映像データを受け取り、ワードを使って文章にする。文字起こしは、データ化されていない紙媒体の書籍をテキスト化する。Ｗｅｂ記事で利用するためだ。こうした作業はすべて自宅で行っている。

発注者は企業が多く、個人もいる。内容はインタビュー、講演会、会議など。コロナ禍では、録画された動画会議を文字にしてほしいという依頼が増えている。音声のみのものと違って、発言者が明確にわかるため作業がはかどるという。

クラウドワークスに登録したのは２０１４年。最初は未経験者歓迎の仕事ばかりに応募し、低単価でも１つずつ仕事をこなした。表記上のルールなど、わからないことだらけで、発注者から一つひとつ指導してもらった。

今は共同通信社の『記者ハンドブック』を脇に置き、固有名詞や専門用語は発注段階で教えてもらい、表記を整えている。

テープ起こしは未経験者が始める在宅仕事としてよく知られているが、最初は時間がかかるので挫折する人も多い。むこうじまさんも「最初のうちはすごく時間がかかったが、やっているうちに慣れてきた。諦めずに頑張っていたら効率的にできるようになりました」。

とくに「テープ起こしプレーヤー」というツールを使うようになって、作業効率が格段に上がった。ネットから無料でダウンロードできるツールだ。キーボードの任意のボタンを押せば再生、もう1回そのボタンを押せば、1秒、2秒など自分の設定した秒数だけ巻き戻して再生できる。これを使えば、タイピングしながら繰り返し聞けて、シームレスにテープ起こし作業ができる。

むこうじまさんの受注実績は6年で1500件超。クラウドワークスは、獲得報酬額が多かったり、顧客からの満足度が高かったりするワーカーを「プロクラウドワーカー」として認定している。むこうじまさんはその一人だ。

今では仕事の9割以上が、むこうじまさんを指名して依頼してくる「スカウト仕事」になっている。リピート発注者は数十人に及ぶ。

心がけているのは「レスポンスの早さ」。来たメッセージにはすぐに返事をする。発注者にしてみれば、依頼を受けてくれるか否か、返事が来るまで話を進められないが、レスポンスが早ければ仕事の管理がしやすい。

仕事環境を整えることにも余念がない。座っている時間が長いので、いすはいいものを購入した。オフィス家具大手・イトーキが開発した業界初の女性専用Cassico（カシコチェア）。背の低いむこうじまさんにもフィットする小ぶりのいすだ。ひじ置きも可動式で好きな角度に調節できる。ノート型のパソコンは、スタンドに置いて高さを上げ、入力しやすい外付けのキーボードを使っている。

仕事はクラウドワークス経由で得ることが多いが、ほぼ同額を直接受注でも得ている。ツイッターにメールアドレスを載せており、テープ起こしや文字起こしの仕事依頼をメールで直接受けているのだ。

クラウドワークス経由だと、報酬額の5～20%程度がクラウドワークスのシステム手数料としてかかる。しかし、直接受注であれば、報酬額のほぼすべてが自分の収入になる。

直接受注に特化したほうが収入は増えそうだが、むこうじまさんはそういう考え方はしない。「直接受注だと、請求書の発行や入金遅れへの催促などを自分で行わないといけない。クラウドワークス経由にすれば、そうした手間やストレスがかからない。

今後もクラウドワークス経由の受注を継続していきたい」と言う。

むこうじまさんのツイッターにはクラウドワークスでの受注実績件数などのキャプチャー画面も載っている。1500件超の受注実績や、クライアントからの評価が最高水準の5・0に達していることがむこうじまさんのセルフブランディングにつながっている。

クラウドワークスで実績を重ねつつ、個人の直接受注を増やすという両面作戦が有効なようだ。

【Webライティング】アパレル販売の経験からファッション記事

福岡県在住の村嶋杏奈さん（36）の在宅仕事はWebライティング。Webに掲載される記事を書く仕事だ。「独学で勉強し、20年3月からフリーランスのWebライターになった。今では月50本ぐらいの記事を書き、月25万円ぐらいの収入があります」。

村嶋さんは大学卒業後、アパレル販売職に就き、8年ほど店長職を務めた。その後、保険関係の仕事を3年半して、そこでファイナンシャルプランナーの資格を取得。この頃から自分で発信する力をつけたいと思うようになり、通販会社に転職。商品の広告宣伝を担うようになった。チラシなどのディレクターとして、ライティングやリライトを経験。書くことの面白さに目覚め、20年3月、フリーランスのライターとして独立した。10月までに約250本の記事を執筆し、約80本の記事をリライトした。

クラウドワークスに登録したのは20年2月25日。「未経験OKの仕事がクラウドワークスには結構あったので、ここで実績を積み、実践で学んでいきたいと思った」。だが、当初は苦労した。1日に10件くらい応募したが、受注できるのはよくて1〜2件。悪いとゼロということが何度もあった。「そのときにくじけて辞めなかったから今がある。何度ダメでも次に応募していくという気持ちは、すごく大事だと思う」。

そうして少しずつ実績を積み上げていくと、採用率も上がってきた。「きっと実績ができたからクライアントも安心したのでしょう。こんなにも違うものかと、実績の大切さを強く感じた」。

クライアントを安心させるため、プロフィール欄は定期的に見直している。自分ができることはすべて書くという考えの下、ファイナンシャルプランナーや秘書検定、簿記などの資格をはじめ、経歴や業務経験を書き込んでいる。クラウドワークスで実績の多い人のプロフィールも参考にしている。

資格の冒頭に書いているのは、クラウドワークス公式の「WEBライター検定2級」だ。3月からフリーランスとして仕事をしているが、やはり体系的に学ぼうと、7月に4週間のプログラムを受講。8月に試験を受け一発で合格した。

「手探りでやっていたことの裏付けができ、記事作成に自信が持てた。検定合格後は、私を指名して仕事を依頼してくるスカウトの案件が増えました」。

このプログラムはすべてオンラインで実施されるが、他の受講者とネット上で交流する場も設けられている。そこでは、ほかの人の記事や講師からの添削も共有する。自分とは違う視点で書かれた原稿や講師からの指摘に多くの気づきがあったという。

検定合格後、本格的に仕事に取り組もうと、いすを新調した。人間工学に基づき、ライターが使うのによいと評判のＳＩＨＯＯのいすだ。ヘッドレストやアームレストが付いていて、長時間座っても腰が痛くなりにくい。ライターの重要な仕事道具であるキーボードも新しくした。東プレのリアルフォースだ。「やる気が出ないときでも打つと楽しくなるので、すごく重宝しています」。

現在はファッション関連の記事を中心に執筆。ｎｏｔｅなどで知り合ったライターチームにも参加し、そこから仕事を受けることもある。

月収約２５万円分の半分弱がクラウドワークス経由で、残りはライターチームなど知人からの依頼。土日も含めてほぼ毎日何かしらの仕事をしている。今は自分の名前の載らない記事が多いが、これからは「自分の名前が載る記事をもっと増やして収入を上げていきたい」。

【Ｗｅｂ制作・撮影・執筆】 副業でコロナ禍を乗り切る

「副業をやっていてよかった。コロナの時代になった今、強く思っています」

そう話すのは愛知県在住のやなぎみゆき さん（ハンドルネーム）。本業は旅行系イベント会社の企画営業だ。担当していたのは主に海外に行って日本を宣伝するイベント。それがコロナ禍でほぼすべてなくなった。ボーナスのカットなど収入面での影響もあった。

「それを副業で補うことができた。副業がなかったら大変なことになっていたかもしれない」

やなぎさんの副業は多彩だ。

収入の柱はＷｅｂ制作。企業の採用ページや、幼稚園・保育園・個人のホームページを制作している。２〜３カ月かかるが１本５０万〜８０万円の収入になる。

２つ目の柱はカメラマン。広告パンフレットやホームページの写真、子どもの七五三の写真など。撮影が１日でも選定や編集などで２〜３日かかることもある。収入は１回５万円くらいになる。

３番目の柱は記事執筆だ。カメラ関係のＷｅｂメディアの記事を月に５本ほど書き、２万円くらいの収入を得ている。カメラ本体のほか、編集作業や編集ソフトの解説などを書いている。

仕事仲介サイトのランサーズに登録したのは5年ほど前。インバウンド関連の記事などを書いてきた。ランサーズでは当初、翻訳仕事を中心に受けていた。翻訳の単価はＷｅｂライティングより高い。そこからのスタートだったため、今も文字単価が1円を下回らないよう仕事を選んでいる。時給換算で1０００円未満になる仕事はしない方針だ。

やなぎさんのこれらの副業は、どこかの企業に属して本業として身に付けたものではない。学生時代からのインターンなどの蓄積が物をいっている。

米大学の中国学部卒。在学中、映画制作に携わったほか、インターンとして米雑誌社で記者カメラマンを経験。商品・食品撮影や取材・執筆を1年弱行った。

米国居住は5年半。台湾や韓国への留学経験もあり、中国語は新ＨＳＫ5級を取得。英語はＴＯＥＩＣ９６５点。通訳案内士（英語）の資格も持っている。

帰国後は、ＩＴ企業を経て、現在の旅行系イベント会社に。イベントのグラフィックにも関わるようになり、イラストレーターやフォトショップといったデザインソフトの勉強も始めた。

最近はデザイン関係のオンラインサロンやデザイナーのコミュニティーにも加わって、デザインのスキル向上を図っている。そうしたコミュニティーからデザインの仕事も受け始めている。

「物好きというか移り気というか、いろいろなことに興味があって、とりあえずやってみることがよくあります」

好奇心旺盛で、さまざまなスキルを身に付けているやなぎさん。現在のイベント会社は11月いっぱいで退社する。今後はフリーランスとして、これまで副業としてやってきたことを本業にしてやっていくつもりだ。「仕事の単価を高めるために、広告関係のWeb制作やデザインの仕事を増やしていきたい」。

コロナ禍で本業が厳しくなった人でも、在宅でできる仕事のスキルを身に付けていれば、たくましく生き残っていけそうだ。


（福田　淳）

コロナ禍で人気だがリスクも

勤務先のことを話して稼ぐ

特別なスキルがなくても、自分の勤務先や退職した企業について話すだけでお金になる。そんな副業がネットで人気を集めている。

「元総合商社マンが本音を言います」「国内線ファーストクラスを担当していました。エアライン受験の相談に乗ります」——。

スキルシェアサイトの「ココナラ」には、こうしたうたい文句の商品が複数ある。オンライン上で、現役社員や元社員が、企業やその業界についての質問に答える仕組みだ。

サービスを購入するのは、転職を含めた就職希望者だ。

「新型コロナの感染拡大後はキャリアを見つめ直す人、雇用契約を切られて転職を

迫られた人が購入する例が増えている」（ココナラ）

就職活動の際には、企業が採用活動の一環として派遣する、大学のOB・OGや、転職エージェントから話を聞くのが一般的。それゆえ企業にとって都合の悪い情報は入手しにくい。より突っ込んだ情報を知りたいという欲求にうまく応えるサービスだ。

最も簡単な副業

個人の時間を売買する「タイムチケット」を運営するグローバルウェイの各務正人会長は、「特段のスキルがない社会人でも、自分の会社のことは知っている。隙間時間でできる、最も簡単な社会人の副業だ」と、副業初心者に勧める。

在籍していた外資系企業の情報をこの秋からタイムチケット上で販売し始めたのが、石川良太さん（仮名・40代）だ。価格は30分で3000円。ZoomなどWeb会議ツールを使い話をする。約2カ月間で6件ほど売れたという。

この仕事のやりがいを石川さんはこう語る。「有名企業で待遇はよかったが、就職してみて世間のイメージと実際の仕事内容にギャップがあることに気がついた。いいことも悪いことも包み隠さず伝えることで、少しでも雇用のミスマッチを減らしたい」。

もっとも、注意すべき点もある。企業の内情を語ることは、事実に基づく限り法的に問題はない。ただ会社に知られれば、秘密保持に関する就業規則違反で処分される可能性がある。

さらに、M&Aや新規事業など未公表の重要情報を漏らして、株売買がなされれば、インサイダー取引に該当するリスクもある。口外すべきでないことは何か、あらかじめ理解しておくことが必須だ。

（印南志帆）

自宅を最強のオフィスに

在宅HACKS（ノウハウ）大公開

ブルームコンセプト代表・小山龍介

在宅勤務はゲリラ戦である。それまでオフィスに集まって仕事をしていたのが、みな散り散りになって戦う。このとき、トップダウンで動いていた組織の多くは、その指揮系統が混乱しパフォーマンスが低下した。一方で、権限委譲が進んでいた組織はかえってその生産性を高めた。

コロナ禍において在宅勤務が普及する中で参考になったのが、『ヒトデはクモよりなぜ強い』という本だ。スペイン軍に対抗した米アパッチ族や国際テロ組織アルカイダ、トヨタ自動車の組み立てライン、インターネットなどを例に分権型組織の強さを分析している。

クモは首を切り落とされると死んでしまうが、ヒトデはバラバラにされても部分が分かれて生き残っていく。私たちは切り離されたヒトデである。ここでは、在宅勤務というゲリラ戦を戦い抜くヒントをお伝えしたい。

在宅環境整備のポイント

在宅仕事の環境整備で重要な点は、集中力をいかに高められるかである。もともと自宅は仕事をする場所として設計されていない。ゆったり弛緩できるようにつくられている。その中で長時間仕事をするというのは、実は不自然なことなのだ。

仕事が自然にはかどるようにするポイントは、集中を阻害するものをできるだけ減らすこと。例えば、目から入る情報は脳の処理能力まで奪うため、できるだけ視界を制限することが重要だ。

そのために活用したいのがデスクライトである。部屋の電気を消して、デスクライトで手元を明るく照らせば、周囲が見えなくなる。暗闇の中の舞台のように手元にだけ集中することができるのだ。手軽な方法だが、このスポットライト効果は絶大だ。

逆に、仕事の情報を閲覧するためのスペースはできるだけ広げたい。パソコンはノート型ではなくデスクトップ型にして、大きなディスプレーをつなげたい。最近は34インチや49インチといったウルトラワイドのディスプレーも発売されている。それを机上に置けばコクピットのような仕事環境をつくることができる。

■集中力を高める
在宅仕事環境
空気質測定機
動画撮影時に顔を明るく照らすLED照明
音声入力に使用するマイク。手で入力するより3倍速く文章化できる
仕事の情報を閲覧するスペースを大型ワイドディスプレーで広げる
映像や音声の「ながら視聴」用のタブレットPC
デスクライト。部屋の電気を消して手元を照らせば舞台効果で集中力が高まる

先の写真は私の自宅オフィスだが、メインのディスプレーは、幅が実に120センチメートルもある49インチのもの。机いっぱいに広がる大画面は、たくさんのウィンドーを開いてもストレスなく一覧できる。ウェブブラウザー、Excel、PowerPointなどを同時に開くことができ、作業効率が圧倒的に高い。ウェブでの打ち合わせや会議も、多くの資料を見ながらできる。ノートパソコンでやろうとすると、毎回ウィンドーを切り替えなくてはならず、効率が下がる。

目に見えない敵にも気をつけたい。二酸化炭素は、室温の次に、集中力を阻害する要因だ。屋外は400ppm程度の濃度だが、閉め切った部屋の中にいるとその濃度はどんどん上がっていく。一般的に1000ppm以下であれば換気されていると判断できる。

誰でも、すし詰めの会議室で眠気を催した経験はあるだろう。その原因の1つは、おそらく二酸化炭素の濃度である。呼吸をして二酸化炭素を吐く人間が、換気の悪い部屋に大勢集まれば、おのずと二酸化炭素の濃度は高まる。

最近のマンションは気密性が高いので、1時間仕事をしているだけで1000pp

mを超えてしまう。私はＡｗａｉｒという空気質測定機を使い、二酸化炭素の濃度を測っている。表面に「７３１」などの数字で表示されるので一目で濃度がわかる。しかも空気の質が悪化するとそのことをスマートフォンアプリで知らせてくれるという優れもの。換気のタイミングがわかる。

音の環境をどうつくるかも、集中力を高めるカギとなる。無音状態の自室は、むしろ集中できないことがある。カフェのほうが仕事がはかどるという人は多いが、それは雑音がゆらぎとなって、適度な刺激を与えてくれるからだ。

在宅ワークでもそのような音環境を構築するとよい。スポティファイなどの音楽ストリーミングサービスには、集中力を高めるプレイリストや仕事がはかどるプレイリストなどが登録されているので、活用してみるといいだろう。

私は、文章を書くときは歌詞のないインストゥルメンタル中心の音楽を選んでいる。だが、企画書を作るときはボーカルの入った音楽やラジオを流している。そのほうがはかどるというのが個人的な経験である。耳から入ってくる思いも寄らない言葉が、新しい着想をもたらしてくれるのだ。

在宅ならではの利点

仕事のスタイルも変えてみたい。周りに気を使わなくてよいという在宅の利点を生かすなら、ぜひ試してほしいのが音声入力である。

最近のパソコンやスマホには必ず音声入力機能がついている。精度も高く、普通に入力するよりもよっぽど速い。この原稿も実は、音声入力を使って書いたものを、手入力で仕上げている。感覚的には手で入力する速度の3倍の速さで執筆できている。

長い文章を書くときはとくに、音声でリズムに乗って入力したほうが、手で入力するよりも自然でよい文章になる。音声入力が今まで普及しなかったのは、周りに人がいるとどうしても使いづらいということがあったから。自宅であれば周りを気にすることなく使えるのだ。

在宅勤務ならではの仕事術といえば、仕事場所のローテーションがある。

オフィスであれば、基本的に自席で仕事をするが、打ち合わせで会議室に入ったり、社外に出かけたりと、意外と移動が多い。ところが在宅勤務だと、そうした移動がなくなるため、同じ場所で仕事を続けることになってしまう。これでは気がめいってしまうだろう。

そこで、時間帯に合わせて仕事場所を変える、仕事場所のローテーションをおすすめしている。自宅の中でも、書斎からリビングに移るだけで、随分と気分が変わる。ベランダがあれば、オープンカフェ気分で仕事ができるだろう。自宅にいるのに退屈したら、近所のカフェに移動して仕事をしてもよい。そうして気分に合わせて場所を変えていくことによって、集中力を維持していくのである。オフィスでは無意識にやっていることを、在宅仕事では意識的にやる必要があるのだ。

もっと大胆に働く場所を変えていくのも手だ。車を持っているのであれば、海までドライブして波風を感じながら仕事をするなんていうのもよいだろう。ワークとバケーションを掛け合わせたワーケーションの一例だ。バケーションだからといって何も宿泊をする必要はないのだ。日帰りでもいいので、海や山へ出かけて自然の中で仕事をするというのも、よい気分転換になるだろう。

冒頭にも述べたとおり、在宅勤務はゲリラ戦である。神出鬼没にいろんな場所で仕事ができるのも、在宅勤務の大きなメリットであり、それを生かさない手はない。

オンとオフを明確に

こうしてリラックスしながら仕事ができることは、メリットばかりではない。

自宅にいるとつい、仕事とプライベートの時間の区別がなくなっていく。朝起きてパジャマのままでも仕事ができるし、夜も勤務終了時間がはっきりしない。ある調査によれば、在宅勤務のほうが通常の会社勤務より長時間労働になる傾向があるという結果も出ている。これは、オンとオフがはっきり分かれないことが一因であろう。まじめな人ほど、オフの時間に入ることができず、長時間働き続けてしまうのである。

そうならないためにも、仕事のオン・オフのスイッチを決めておくとよい。仕事を始めるときは、テレビ会議がなくても、きちんと着替え身支度をして仕事モードに入り、仕事が終わったら部屋着に着替えたりお風呂につかったりしてオフモードに入るのである。

ダラダラと仕事をし続けないために、「仕事の時間割」を作るのもおすすめだ。人は与えられた時間をすべて使ってしまう傾向がある。これはパーキンソンの第1法則といわれている。逆にいえば、時間が限られていればいるほど、その時間内に終わらせようとして仕事の効率が高まるのである。そこで時間割を設定して、その時間で業務を終わらせるよう自分に制約を課すのである。

その時間割の基準になるのが、ポモドーロ・テクニックで使われる30分の単位である。ポモドーロ・テクニックとは、25分間仕事をした後に5分間休むというルーチンを繰り返すテクニックで、25分ごとに訪れる区切りが、締め切り効果となって仕事の効率を高めてくれるのである。

これを3セット（90分）くらいやると、程よい疲労感を覚えるはずだ。これを1限として、午前、午後にそれぞれ2限ずつ行えば、かなりの量の仕事を終わらせることができるはずだ。

【1時限】ホームルーム（報告・連絡）
【2時限】国語（書類作成）
（昼　食）
【3時限】面談（ミーティング）
【4時限】算数（Excel作成）
【5時限】体育（散歩）

仕事場所のローテーションと組み合わせて、1限ごとに場所を変えていくのもよいだろう。在宅勤務においては、こうして区切りと変化をつけていくことが重要なのである。副業をしている人であれば、本業と副業で頭を切り替えるのにも、この時間割は有効だろう。

オンライン会議のコツ

在宅仕事で問題になるのは、コミュニケーションである。テレビ会議は、遠隔で打ち合わせができるという利点がある一方で、やり取りがスムーズにいかない。オンラインの場合、1人がしゃべっていると、ほかの人は話しづらく、「おしゃべりの占有」という問題が起きる。

私が教鞭を執る大学での授業もオンライン化したが、クラスでのディスカッションは、リアルでやるのに比べて1・5倍ほどの時間がかかってしまうというのが実感である。

そこで取り入れたのが、音声での発言とチャットを同時進行させるという手法。誰かが話している間に発言をしたい場合には、チャット機能でコメントを残すのである。こうすることによって議論が重層化し、充実したやり取りが行えるようになった。

さらに「議事録ドリブン会議」もおすすめである。議事録ドリブン会議とは、打ち合わせをしながらその場で議事録を書いていく会議手法で、会議が終わったときにはその打ち合わせの議事録が完成しているというものである。議事録を作りながら参加者の同意を取っていくので、後から「言った」「言わない」の問題が起こらないという利点がある。先ほどのチャットと同様、発言と同時並行で議事録を入力していくことになるので、会議の密度が高まるメリットがある。

議事録ドリブン会議は営業にも使える。『無敗営業』の著者・高橋浩一さんに教えてもらった究極の営業手法で、打ち合わせをしながらその場で一緒に企画を作っていくというやり方である。

通常の営業では、提案する側とされる側に立場が分かれ、提案される側は提案をジャッジするマインドセットで打ち合わせに臨んでいる。そうした構図を避け、一緒になって企画を共創することで、提案の採用率を高めるのである。

通常のリアルな営業では、こうしたパソコン作業はしづらいが、テレビ会議であれば提案資料を作りながら打ち合わせをすることが可能だ。これは営業を本業としている人もさることながら、営業経験の少ない人が副業で営業をする際にも、大いに参考になるやり方といえる。

在宅副業の仕事術

最後に在宅で副業するための仕事術を紹介したい。私自身、2008年に独立した後、オフィスは持っているものの、基本的に在宅勤務で仕事をし続けてきた。その結果、自社で行うコンサルティング業務のほかに、大学での教職、一般社団法人の立ち上げ、執筆といった仕事だけでなく、バンド活動、能の稽古、フォトグラファー活動、大学院修士課程の修了と博士課程への進学といった趣味や表現、学習など、幅広い活動を行ってきた。これだけのことができたのも、在宅で自分の時間を自分の好きなように使えたからである。会社に行って定時で働くようなワークスタイルではとても実現できなかった。

今はさまざまな方法で仕事ができる。文章を書いたり、動画で情報発信したりするほか、写真を撮ることだって仕事にできる。

仕事の幅を広げるためのコツはただ1つ。初心者になるのを恐れないということである。ある分野で実績を残せば残すほど、ベテランとしてのプライドが邪魔になって、新しい領域に足が踏み出せなくなる。

本業で高給を稼いでいても、新しく始めた副業の時給は学生のアルバイト以下、ということも起こりうる。そこで無駄なプライドを捨てて取り組めるかどうかが、仕事の幅を広げられるかどうかの分かれ道なのだ。

しかし安心してほしい。副業を行うことで得られる新しい経験は、必ず本業にも返ってくる。専門領域が1つしかない人材よりも、複数の専門を持つ人材のほうが希少性は高い。オンリーワン人材になれれば、本業の単価も上がる。相乗効果が期待できるのである。新しい分野に飛び込んで、そこでの経験を自分の強みに変えていく。そのことが自信になって、また新しい分野に飛び込んでいける。これこそが、ゲリラ戦を勝ち抜く極意である。

また、ゲリラたちはルールでは動かない。彼らの行動原理の中心にあるのは、理念と価値観である。自分の生きる意味に忠実であろうとすること、自分の人生と関わりのない物事に時間を取られないことが重要だ。「他人の人生を生きるな」とは、スティーブ・ジョブズの言葉だ。在宅勤務は、自分の人生を生きるための選択なのである。

小山龍介（こやま・りゅうすけ）
1975年福岡県生まれ。大手広告代理店勤務を経て米国MBA取得。2010年から現職。15年から名古屋商科大学大学院准教授。『在宅HACKS！』など著書多数。

【週刊東洋経済】

本書は、東洋経済新報社『週刊東洋経済』2020年12月5日号より抜粋、加筆修正のうえ制作しています。この記事が完全収録された底本をはじめ、雑誌バックナンバーは小社ホームページからもお求めいただけます。

小社では、『週刊東洋経済eビジネス新書』シリーズをはじめ、このほかにも多数の電子書籍ラインナップをそろえております。ぜひストアにて「東洋経済」で検索してみてください。

『週刊東洋経済eビジネス新書』シリーズ

No.337　強い理系大学

No.338　世界史&宗教のツボ

No.339　MARCH大解剖

No.340　病院が壊れる

No.341　就職氷河期を救え!

No.342　衝撃！　住めない街
No.343　クスリの罠・医療の闇
No.344　船・港　海の経済学
No.345　資産運用マニュアル
No.346　マンションのリアル
No.347　三菱今昔　150年目の名門財閥
No.348　民法&労働法　大改正
No.349　アクティビスト　牙むく株主
No.350　名門大学　シン・序列
No.351　電機の試練
No.352　コロナ時代の不動産
No.353　変わり始めた銀行
No.354　脱炭素　待ったなし
No.355　独習　教養をみがく

No.356　鉄道・航空の惨状
No.357　がん治療の正解
No.358　事業承継　Ｍ＆Ａ
No.359　テスラの実力
No.360　定年消滅
No.361　激動の半導体
No.362　不動産　勝者と敗者
No.363　弁護士業界　最前線
No.364　ＹｏｕＴｕｂｅの極意
No.365　デジタル大国　中国
No.366　地銀　大再編

週刊東洋経済eビジネス新書　No.367
おうちで稼ぐ！

【本誌（底本）】
編集局　印南志帆、福田　淳、許斐健太
デザイン　池田　梢、小林由依
進行管理　三隅多香子
発行日　2020年12月5日

【電子版】
編集制作　塚田由紀夫、長谷川　隆
デザイン　市川和代
制作協力　丸井工文社
発行日　2021年8月19日　Ver.1

発行所　〒103-8345
東京都中央区日本橋本石町1-2-1
東洋経済新報社
電話　東洋経済コールセンター
03（6386）1040
https://toyokeizai.net/
発行人　駒橋憲一
©Toyo Keizai, Inc., 2021

電子書籍化に際しては、仕様上の都合などにより適宜編集を加えています。登場人物に関する情報、価格、為替レートなどは、特に記載のない限り底本編集当時のものです。一部の漢字を簡易慣用字体やかなで表記している場合があります。本書は縦書きでレイアウトしています。ご覧になる機種により表示に差が生じることがあります。

本書に掲載している記事、写真、図表、データ等は、著作権法や不正競争防止法をはじめとする各種法律で保護されています。当社の許諾を得ることなく、本誌の全部または一部を、複製、翻案、公衆送信する等の利用はできません。

もしこれらに違反した場合、たとえそれが軽微な利用であったとしても、当社の利益を不当に害する行為として損害賠償その他の法的措置を講ずることがありますのでご注意ください。本誌の利用をご希望の場合は、事前に当社（TEL：03−6386−1040もしくは当社ホームページの「転載申請入力フォーム」）までお問い合わせください。

※本刊行物は、電子書籍版に基づいてプリントオンデマンド版として作成されたものです。